뻔뻔한 쪼핸즈

뻔한 거 말고 Fun한 거

하움출판사

인스타그램

유튜브

피아노 치는 여자 (양지영)

장로회신학대학교 교회음악과 피아노 전공 졸업
세종대학교 공연예술대학원 피아노연주학 석사 수료
가수 태양, 악동뮤지션 등 피아노 지도
경기어린이합창단, 서울그랜드합창단 반주자 역임
듀오, 협연, 반주, 초청 연주 등 다수 연주회
현) 뮤직 크리에이터 '피아노 치는 여자' (유튜브 & 인스타그램)
　　아미스타 피아노 앙상블, 지영주 듀오 리더
　　강동구 소년소녀합창단, 케리그마 남성합창단 반주자

디지털 싱글 (피아노 소품)
위로 : 당신 그만하면 잘했어요
마트 가는 길
손잡고 걸을래?
물방울

저서
캐롤 연주곡집 [나의 산타에게]
찬송가 연주곡집 1 [하나님의 나팔 소리]
찬송가 연주곡집 2 [거기 너 있었는가]
뻔뻔(fun fun)한 포핸즈

뻔뻔한 포핸즈
뻔한 거 말고 Fun한 거

머리말

출간을 준비하면서 책 제목을 무엇으로 할지 고민이 많았습니다. '뻔한 거 말고 뭐 좀 재밌는 거 없을까?' 하다가 무릎을 탁! 그렇게 탄생한 [**뻔뻔(fun fun)한 포핸즈**]입니다. 시중에 나와 있는 수많은 포핸즈 교재들처럼 뻔한 거 말고, 기초 아이들부터 선생님까지 누구나 재미있게 연주할 수 있는 포핸즈 교재를 만들고 싶었거든요.

인스타그램을 통해 많은 선생님들께 사랑받고 검증받은 곡들만 엄선하여 한 권의 책으로 묶었습니다. **<감성 포핸즈>**에서는 특유의 감성 편곡으로 기초 아이들의 음악적 감수성을 자극해 주고, **<우리끼리 포핸즈>**에서는 또래 친구들과 호흡을 맞추며 연주의 흥미를 느끼고, **<선생님이 열일하는 포핸즈>**에서는 아이들과 포핸즈 수업하다가 선생님이 더 신이 나는!

뻔뻔한 포핸즈와 함께 **피아노**가 더욱 fun fun해지기를 바랍니다♥

2024년 3월

양지영

뻔뻔한 포핸즈
뻔한 거 말고 Fun한 거

잠깐!!

각 곡의 음자리표 위에
적힌 숫자는

8은 한 옥타브,
15는 두 옥타브 위에서
연주하라는 뜻입니다.

감성
포핸즈

감성 포핸즈

젓가락 나비야 · 봄나들이 · 작별 · 감성 봄 · 작은 별 왈츠

클레멘타인 · 등대지기 · 아리랑 · 달 · 도의 자리 노래

당신은 사랑받기 위해 · 성자의 행진 · 꼬부랑 할머니

Second

젓가락 나비야

2nd만 솔로곡으로 연주 가능

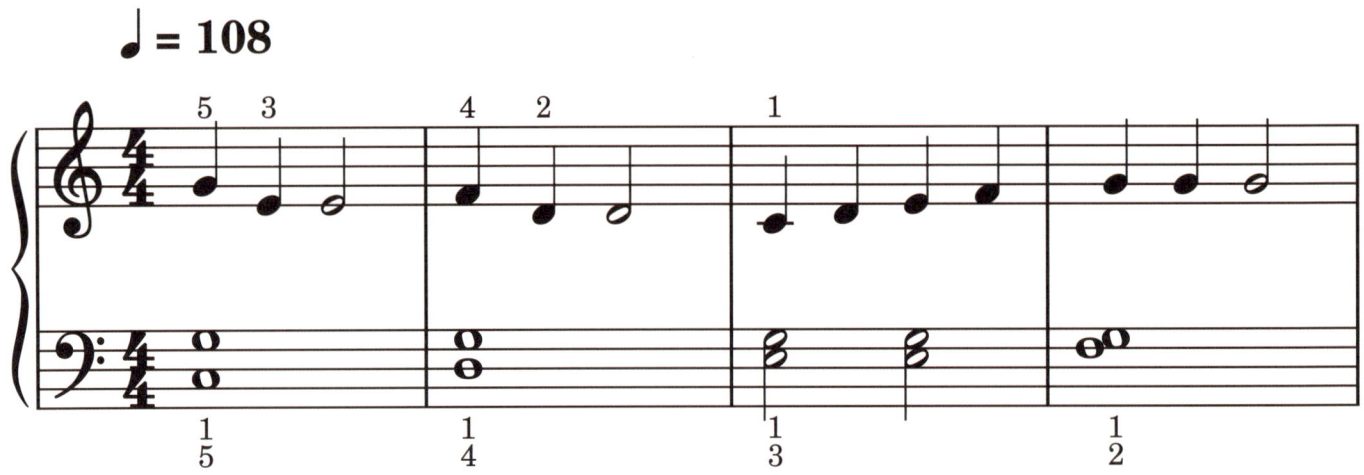

First

젓가락 나비야

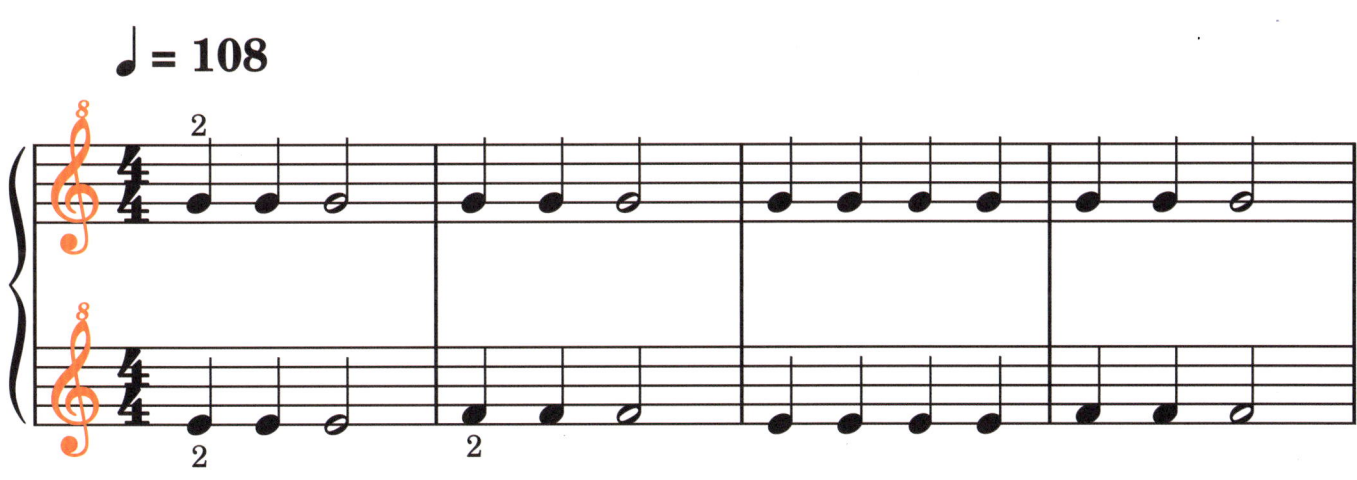

뻔뻔한 포핸즈
감성 포핸즈

젓가락 나비야

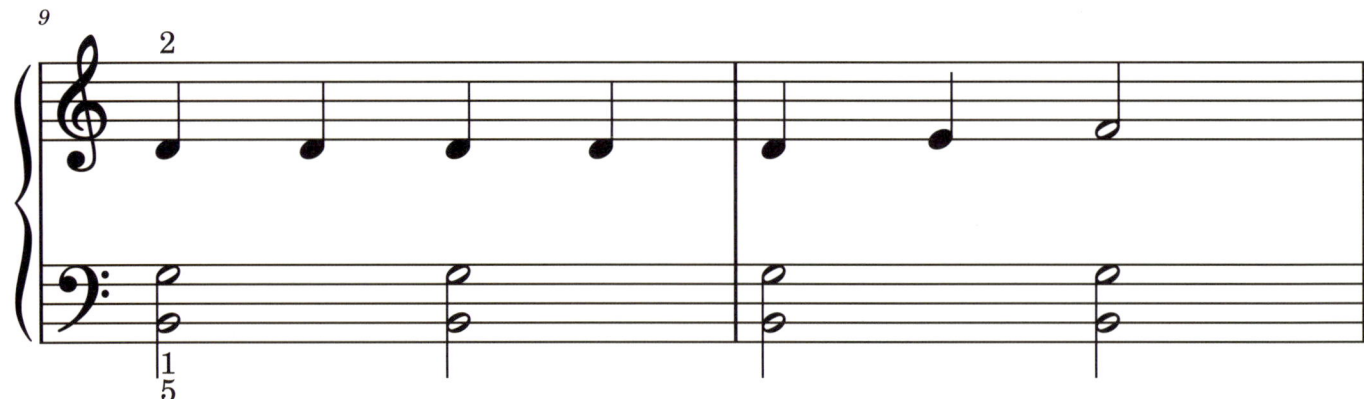

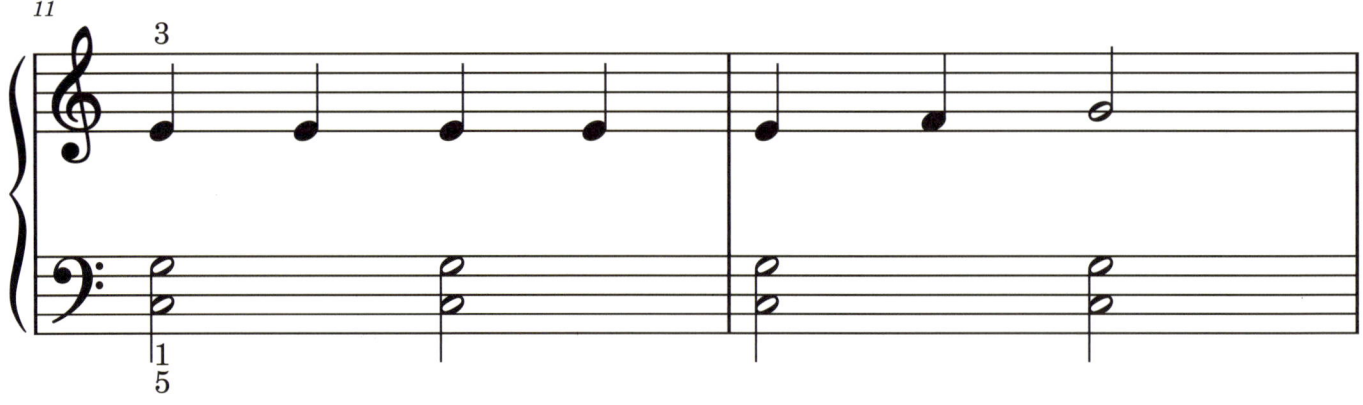

뻔뻔한 포핸즈
감성 포핸즈

젓가락 나비야

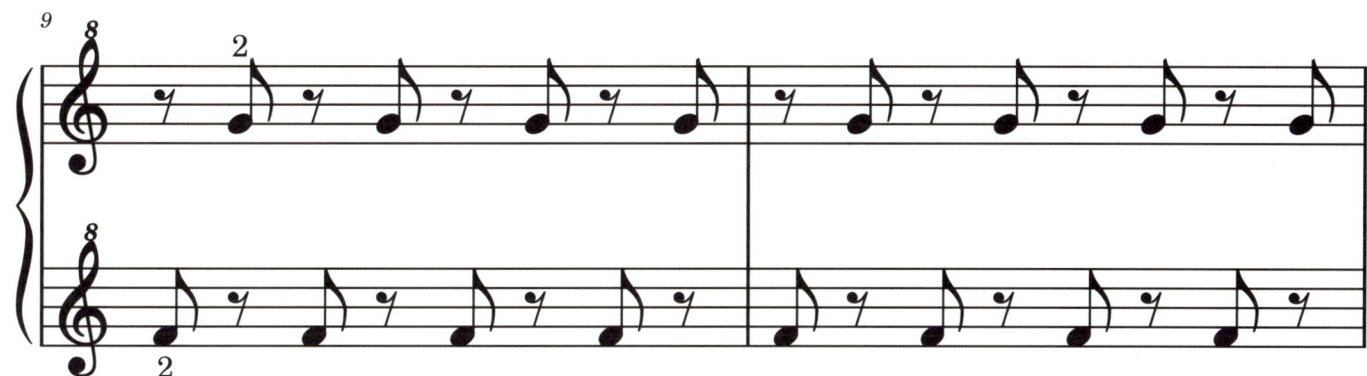

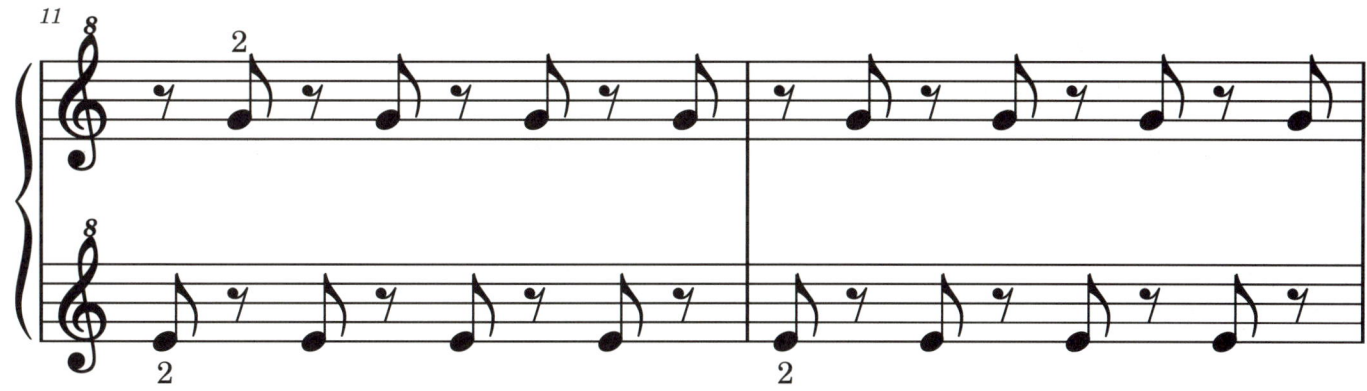

윤석중 작사
권태호 작곡

Second

봄나들이

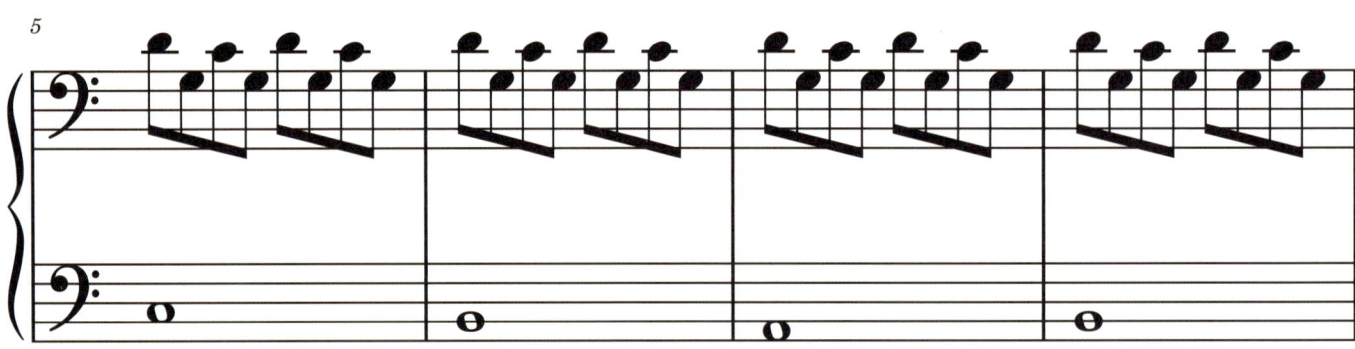

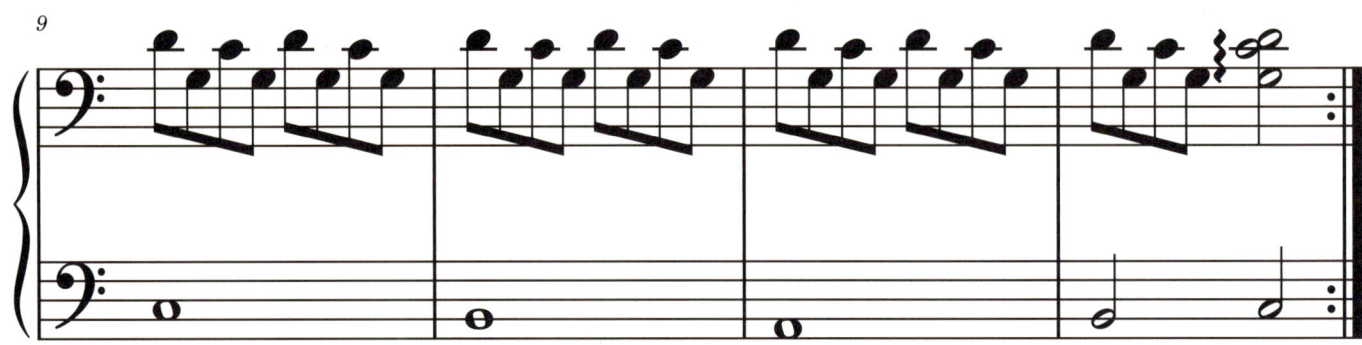

윤석중 작사
권태호 작곡

First

봄나들이

모범 연주

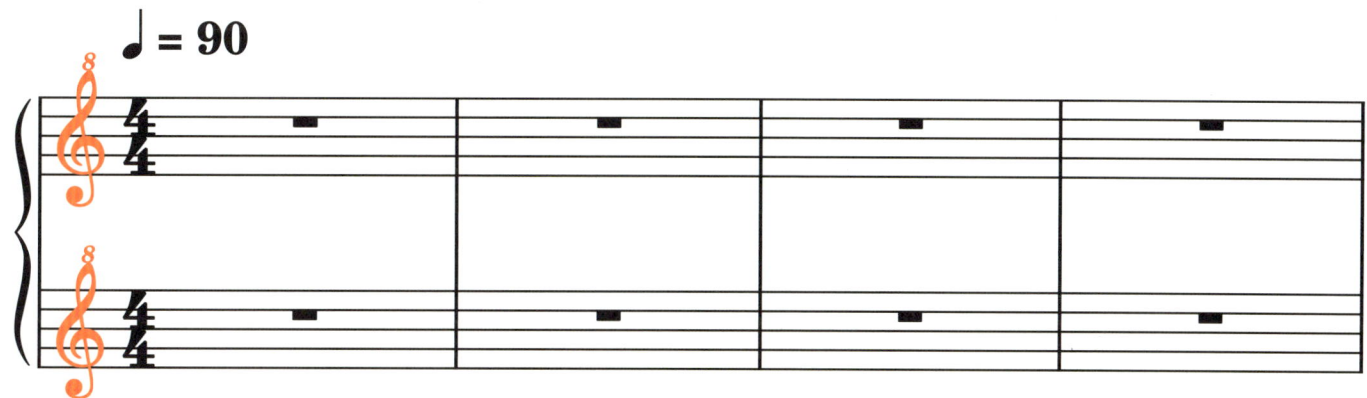

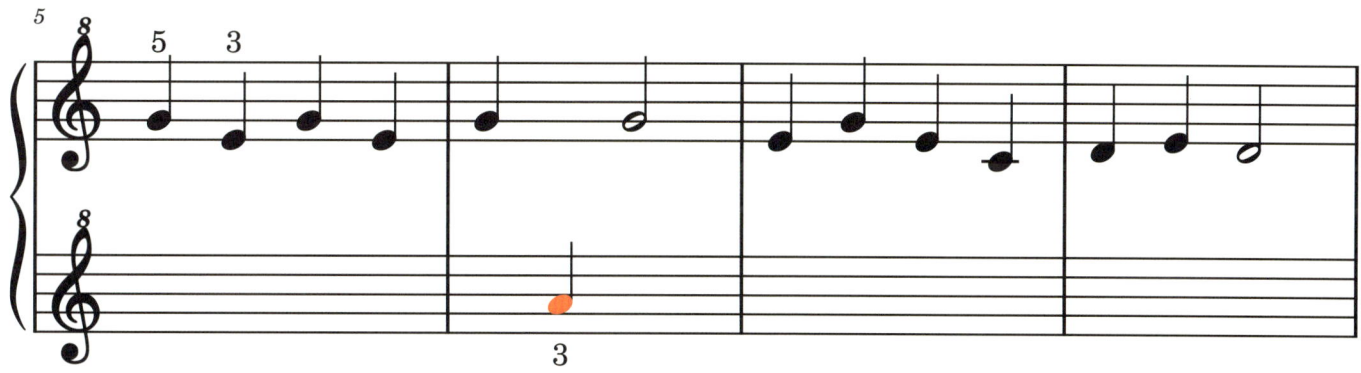

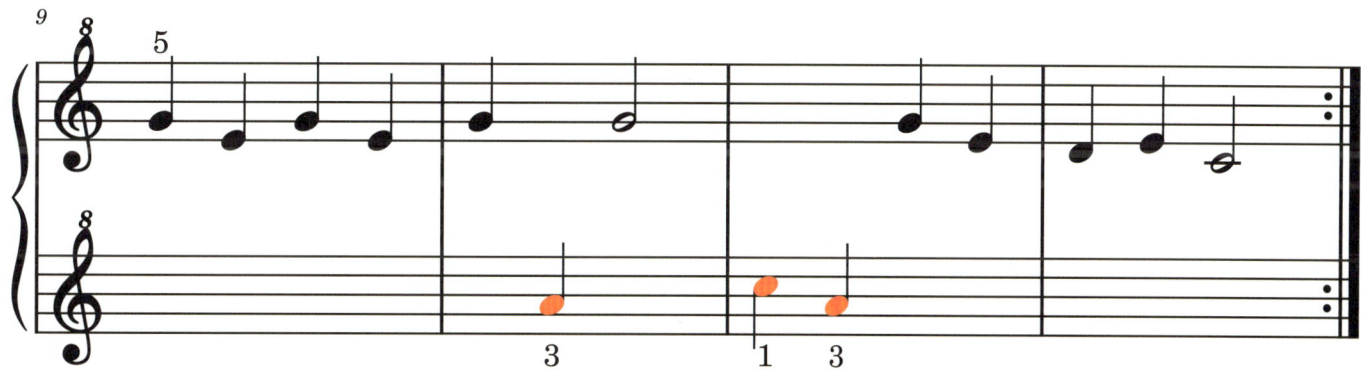

Second

작별

작별

왼손이 오른손 위로 넘어가서

작별

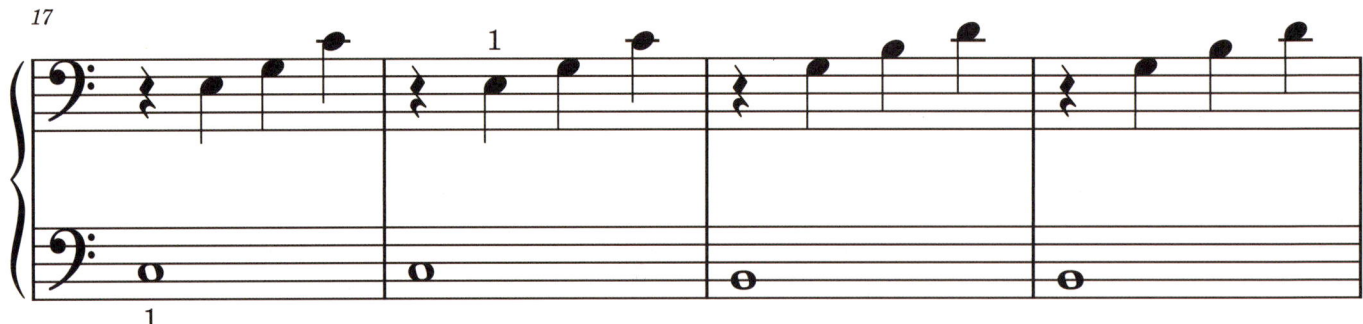

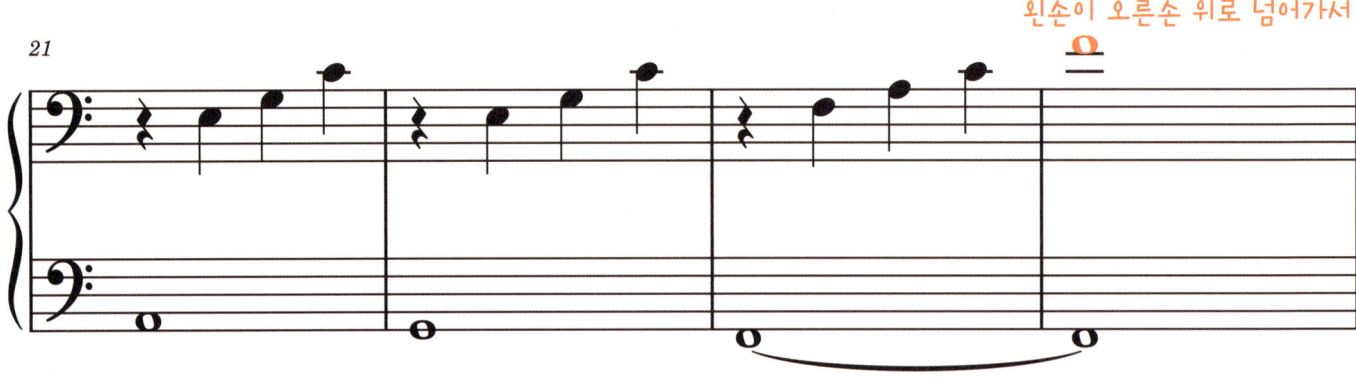

왼손이 오른손 위로 넘어가서

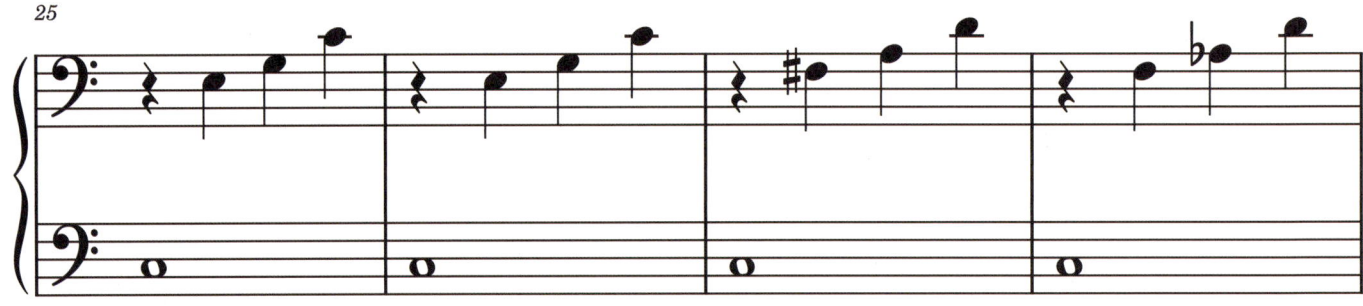

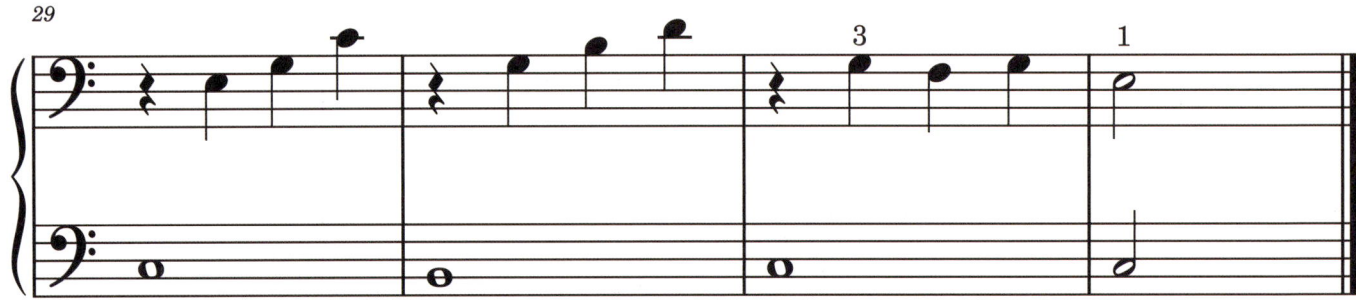

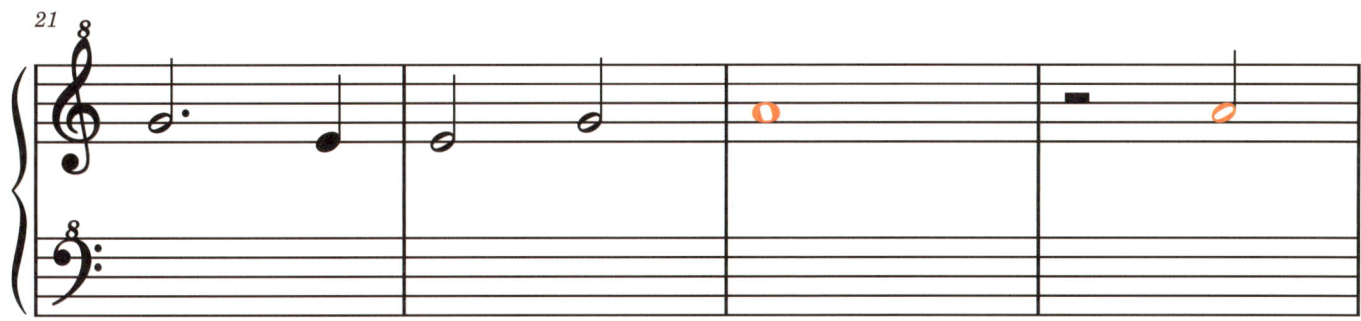

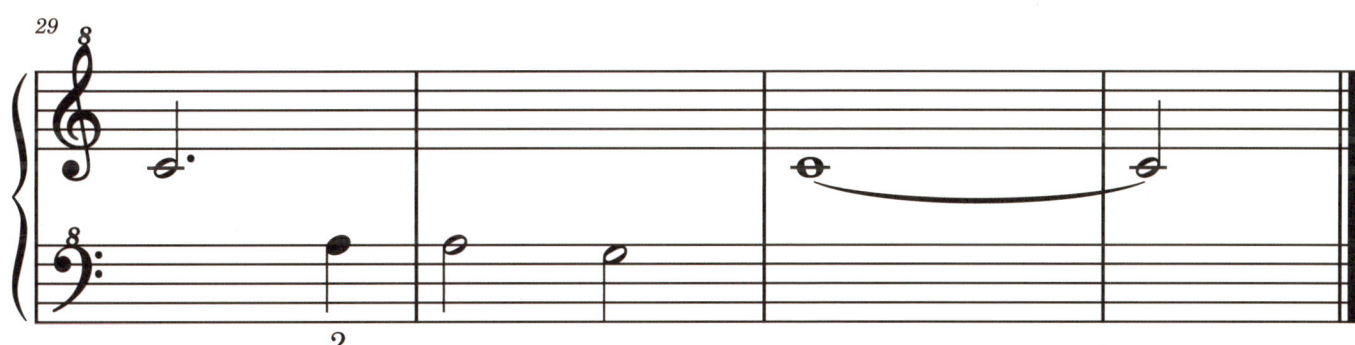

Second

감성 봄

비발디 사계 中 봄

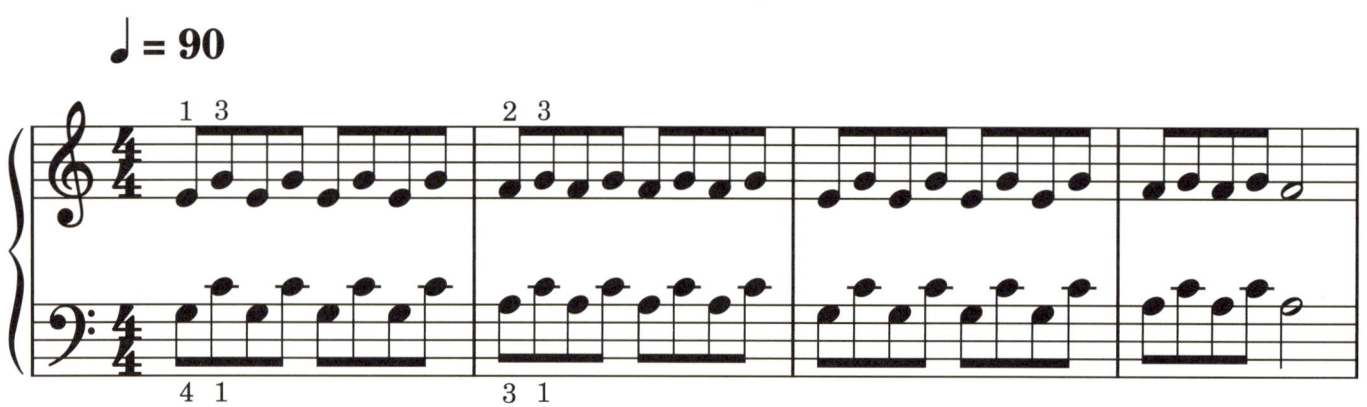

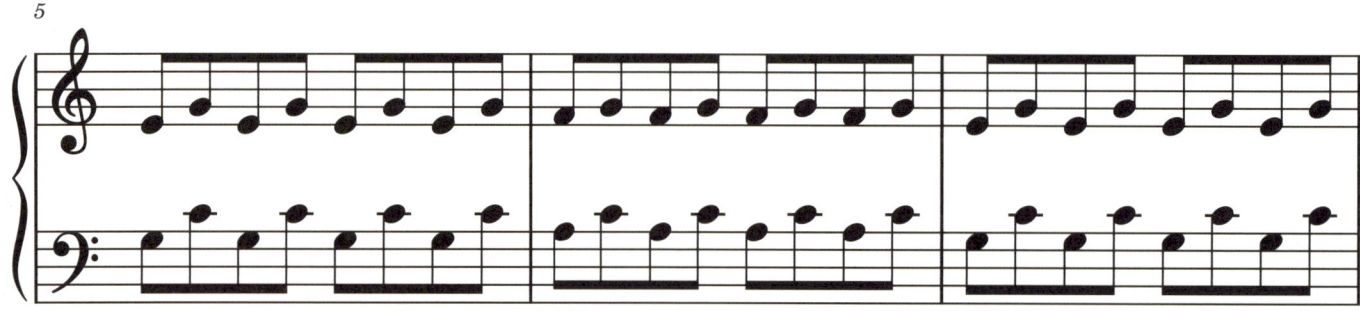

감성 봄

비발디 사계 中 봄

모범 연주

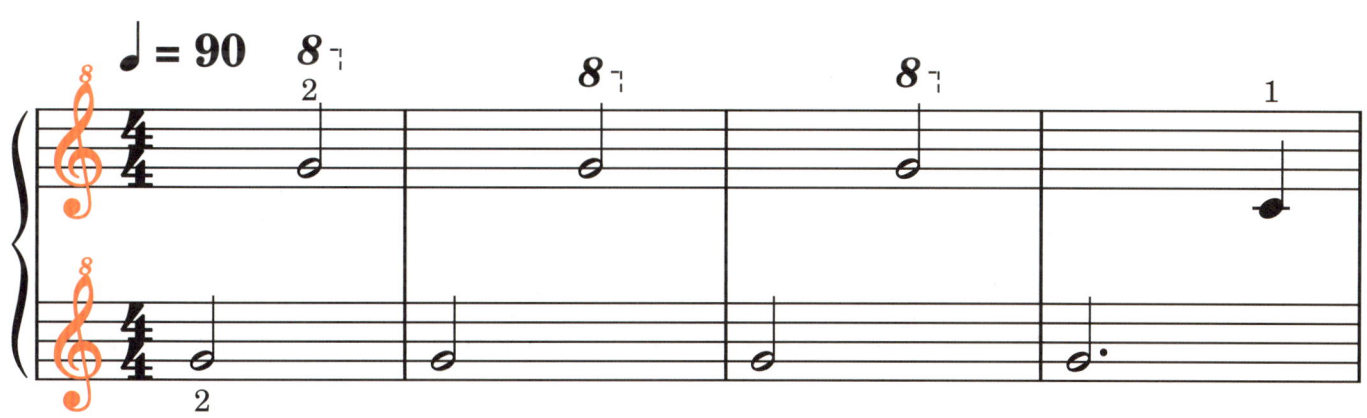

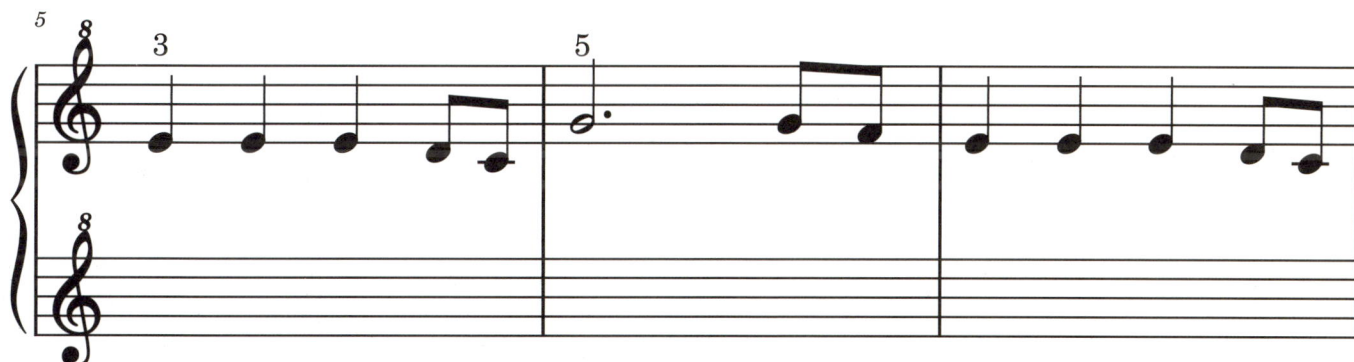

감성 봄

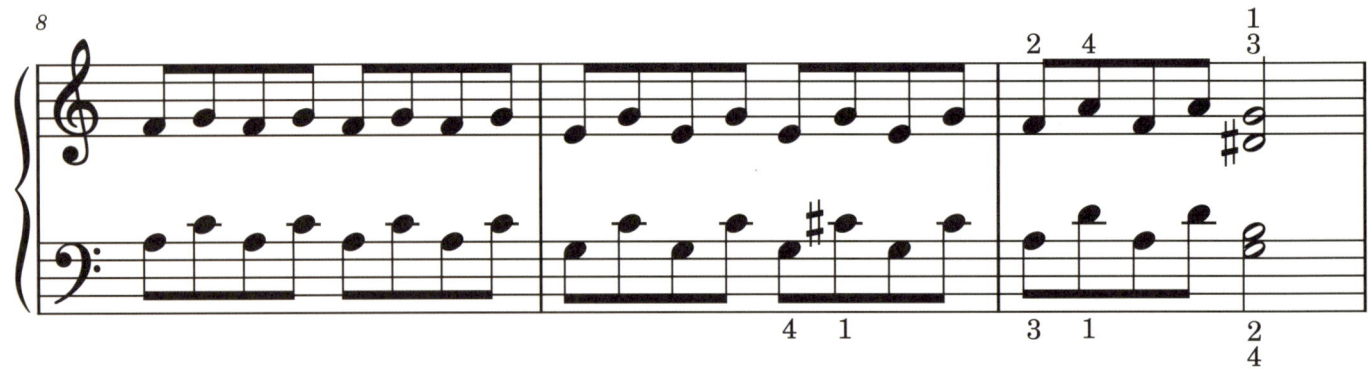

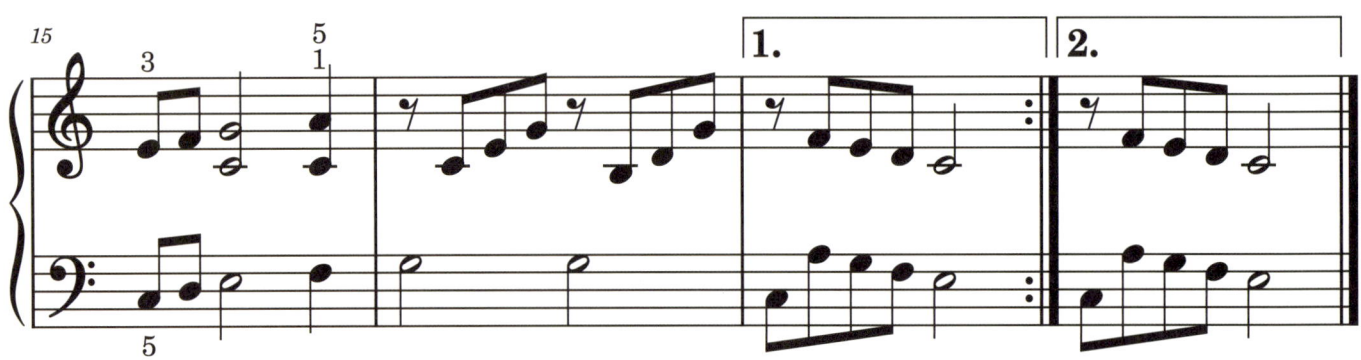

오른손 위로 넘어가서

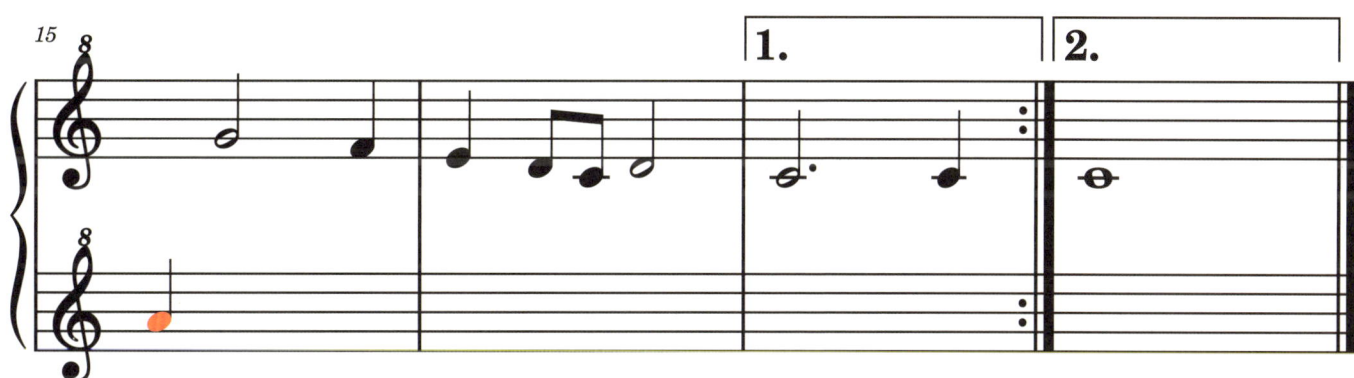

Second

작은 별 왈츠

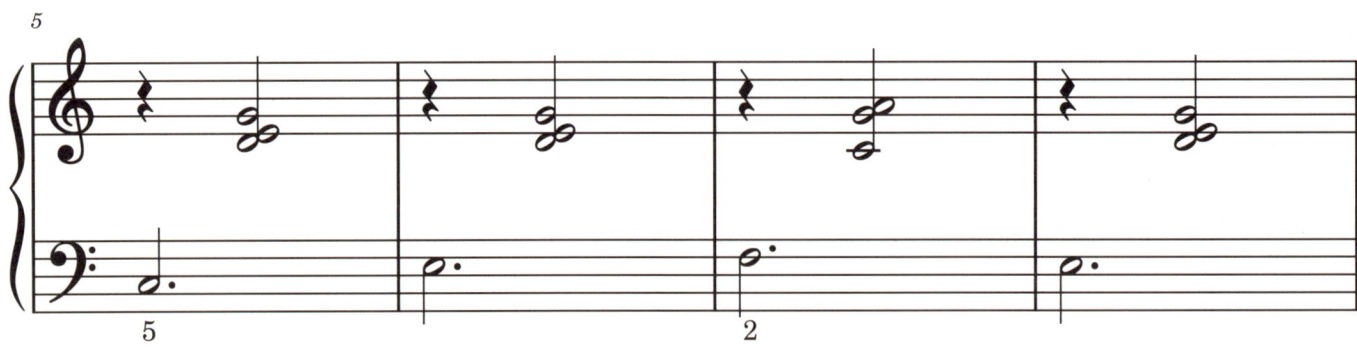

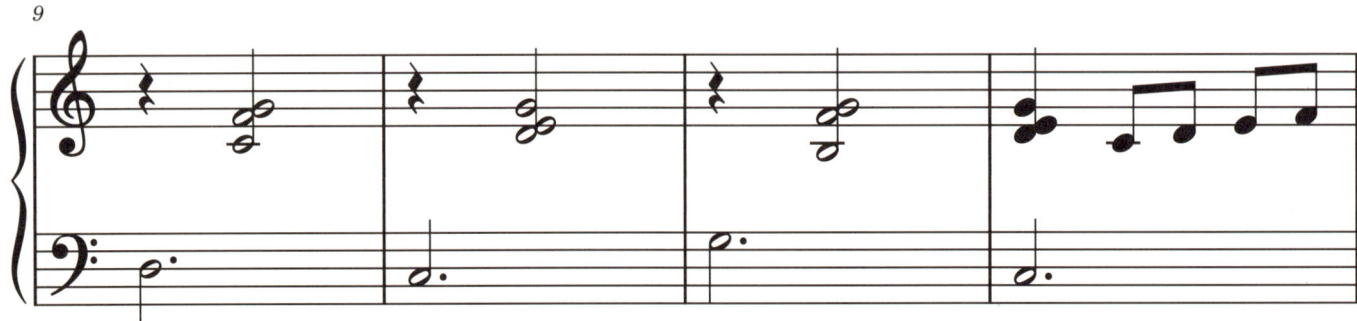

작은 별 왈츠

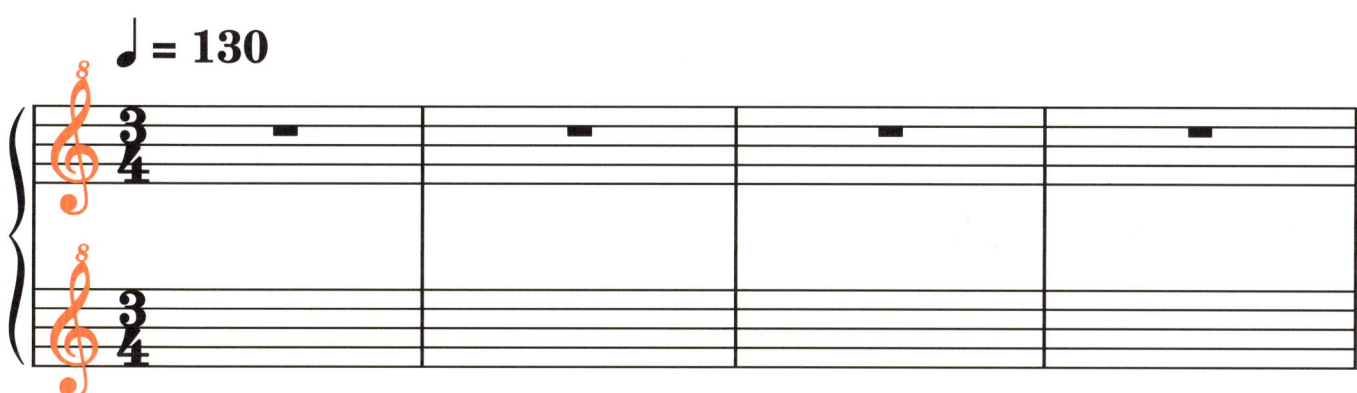

오른손 위로 넘어가서

작은 별 왈츠

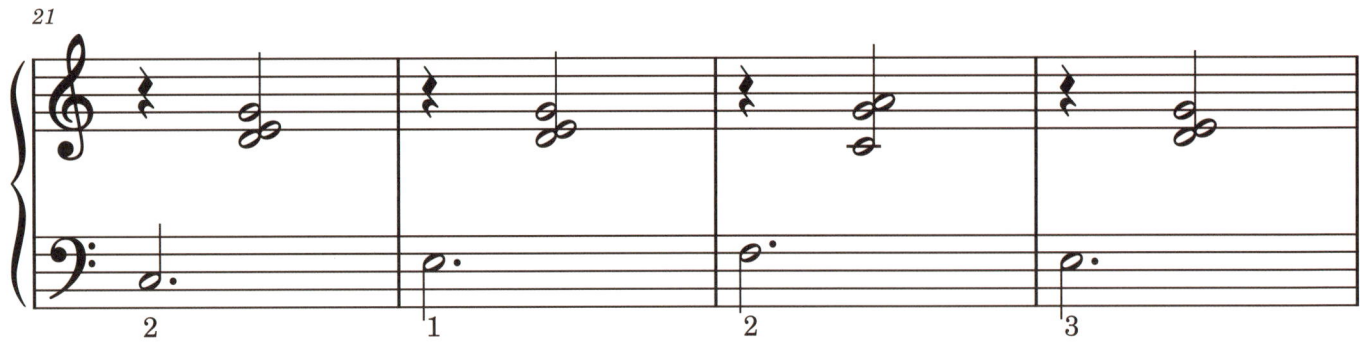

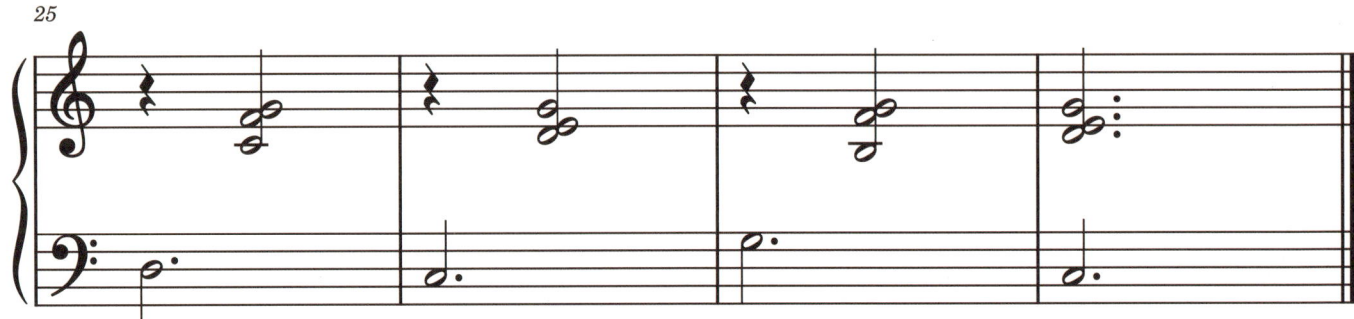

뻔뻔한 포핸즈
감성 포핸즈

작은 별 왈츠

Second

클레멘타인

First

클레멘타인

모범 연주

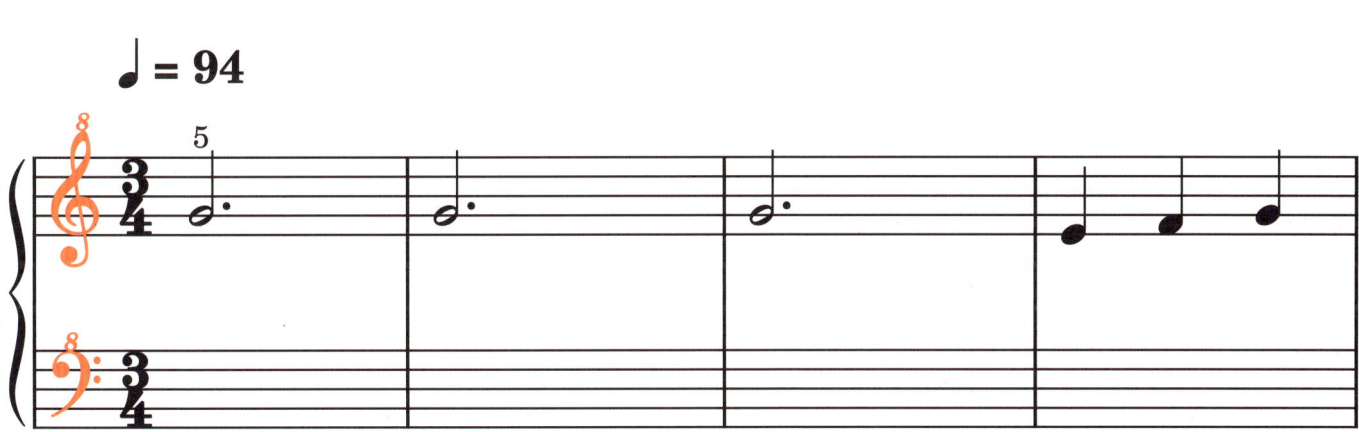

♩ = 94

왼손이 오른손 위로
넘어가서

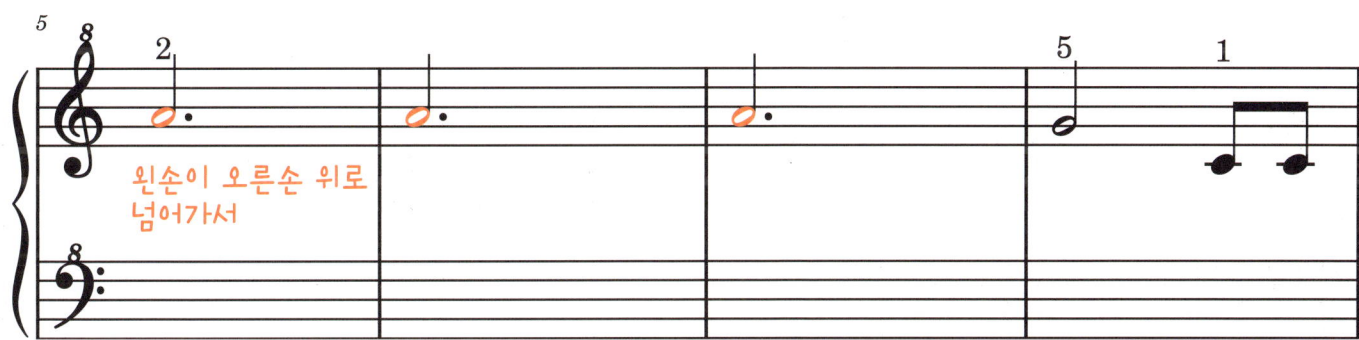

뻔뻔한 포핸즈
감성 포핸즈

클레멘타인

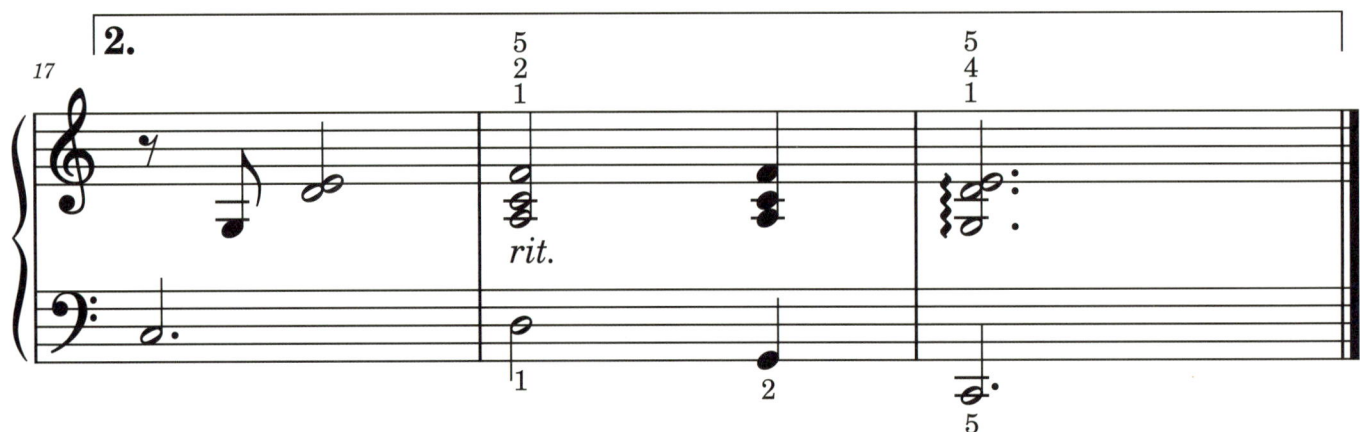

뻔뻔한 포핸즈
감성 포핸즈

클레멘타인

Second

등대지기

등대지기

모범 연주

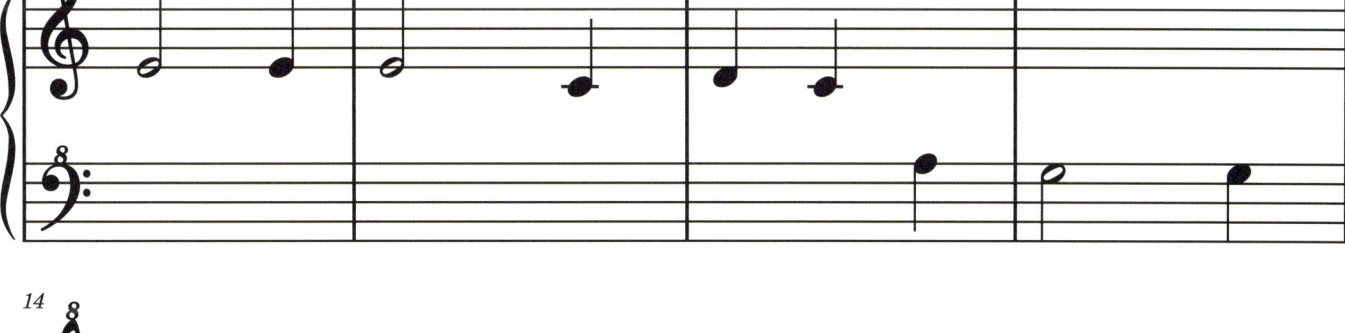

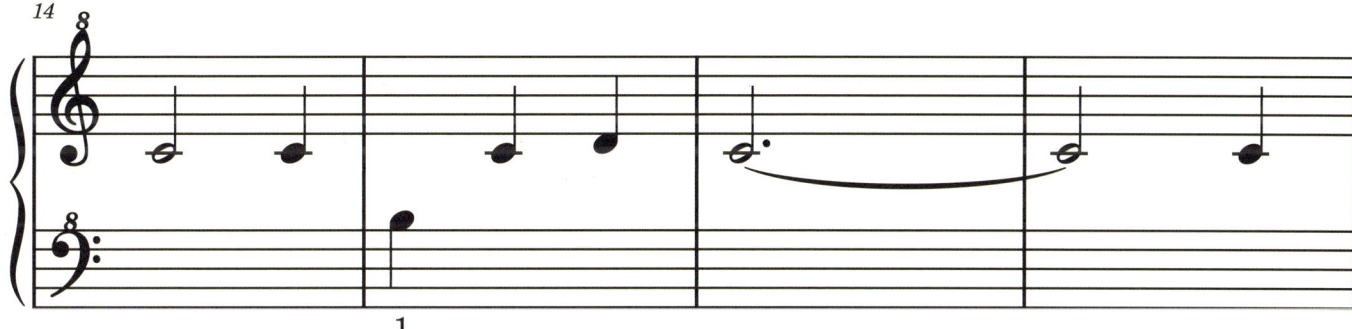

등대지기

뻔뻔한 포핸즈
감성 포핸즈

등대지기

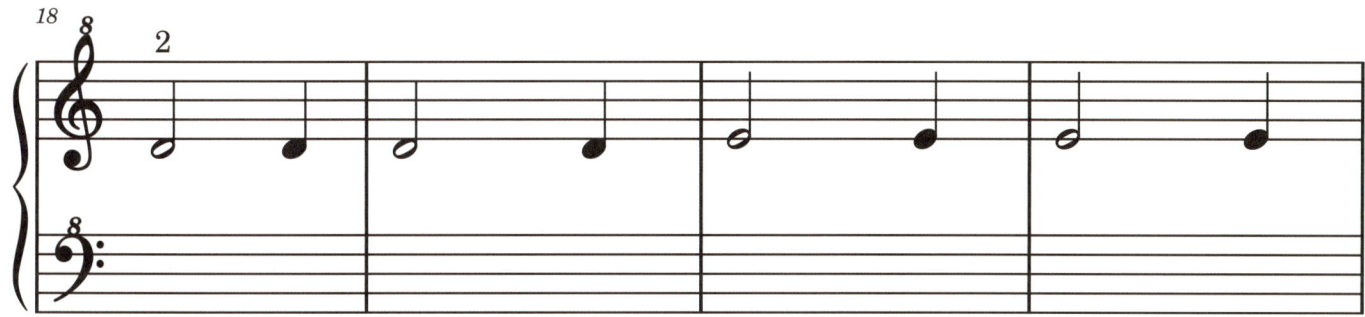

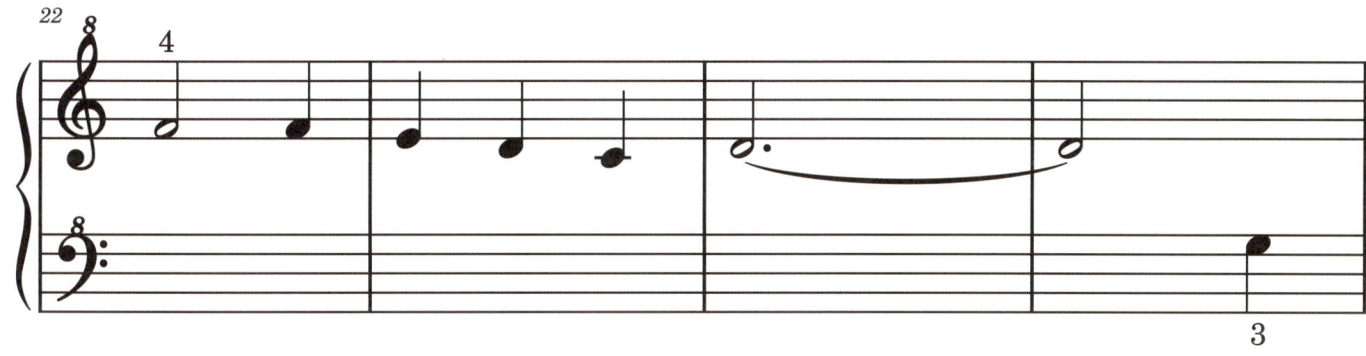

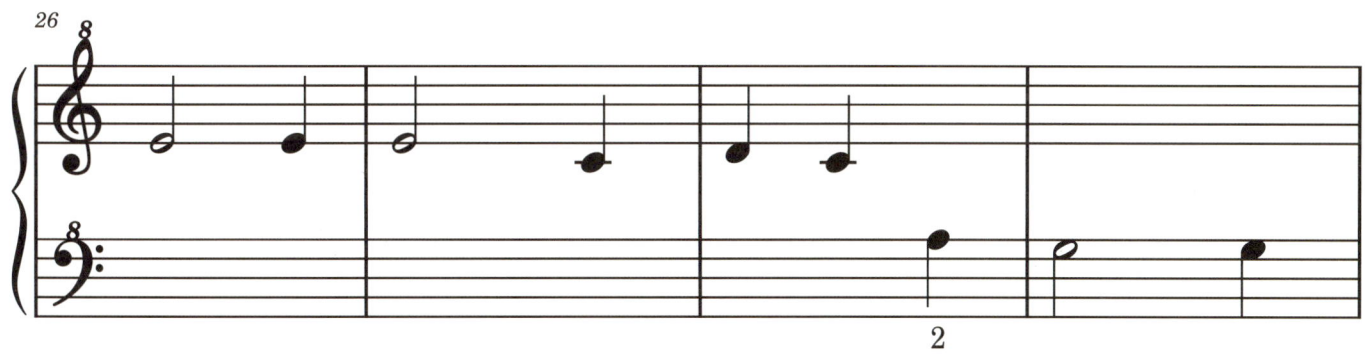

Second

아리랑

First

아리랑

모범 연주

왼손 생략 가능

달

느리게 또는 빠르게

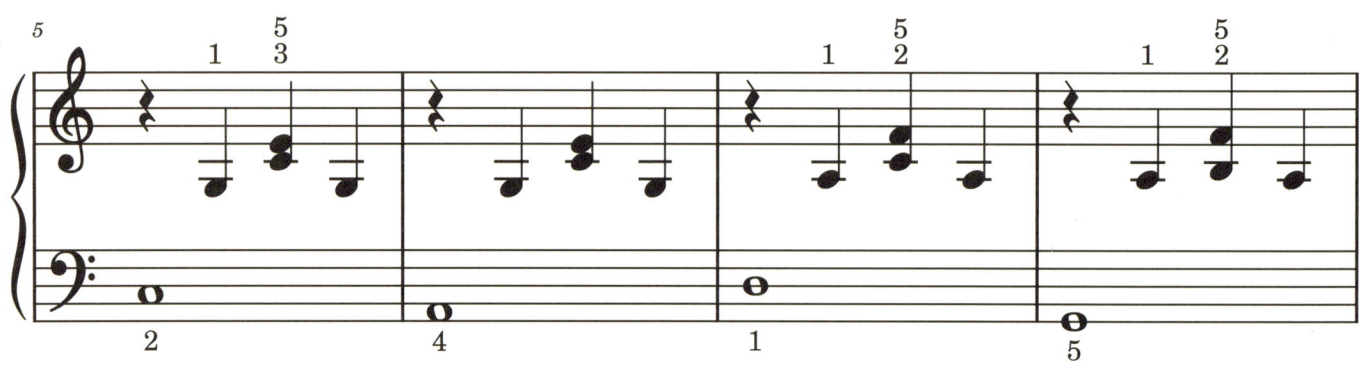

윤석중 작사·작곡

달

모범 연주　　모범 연주
（느리게）　（빠르게）

느리게 또는 빠르게

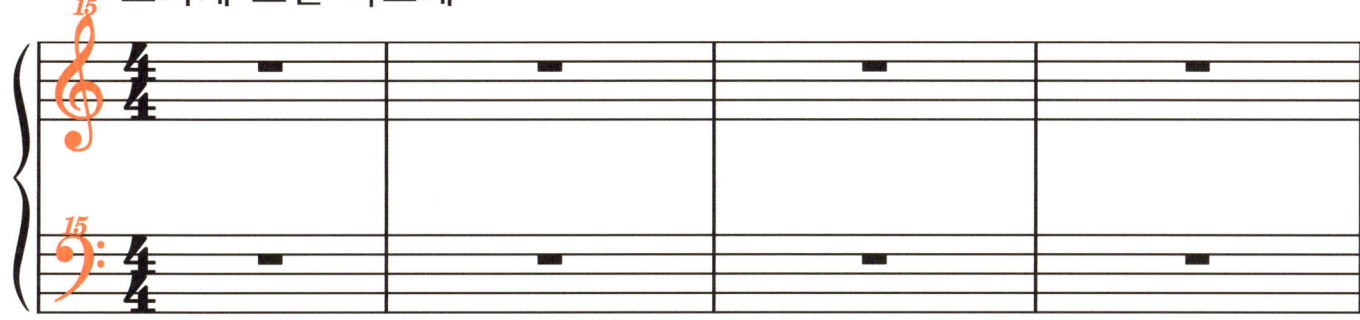

37

도의 자리 노래

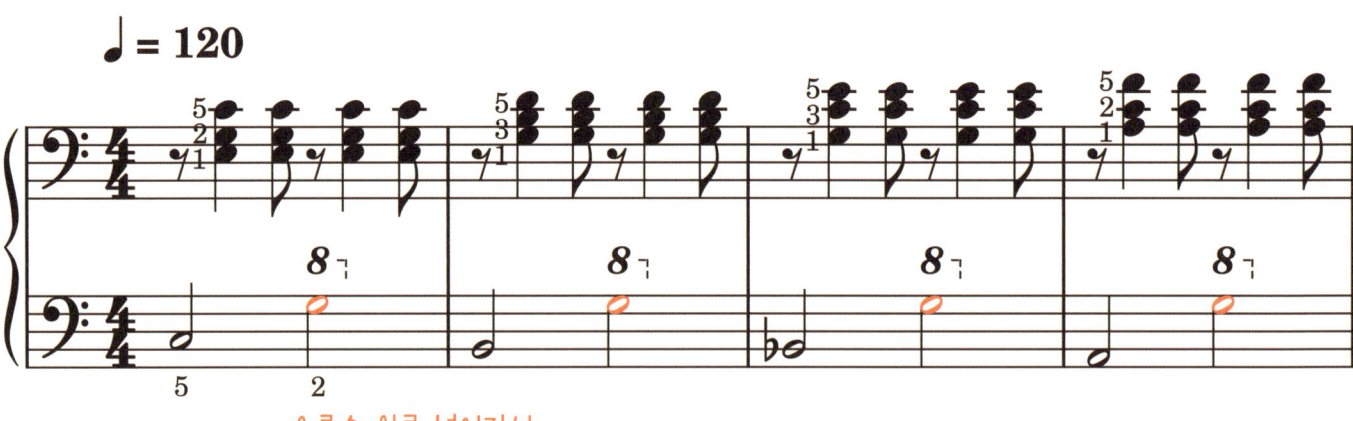

오른손 위로 넘어가서

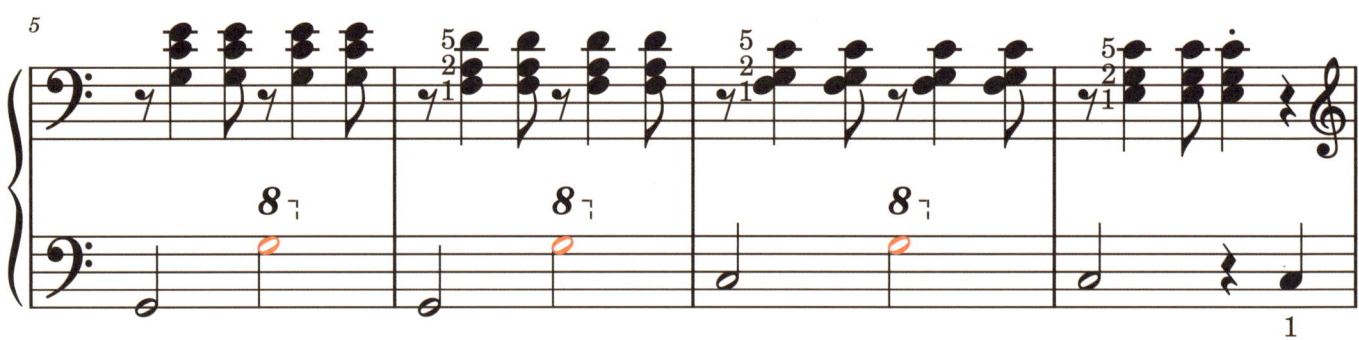

양지영 작곡

도의 자리 노래

모범 연주

♩ = 120

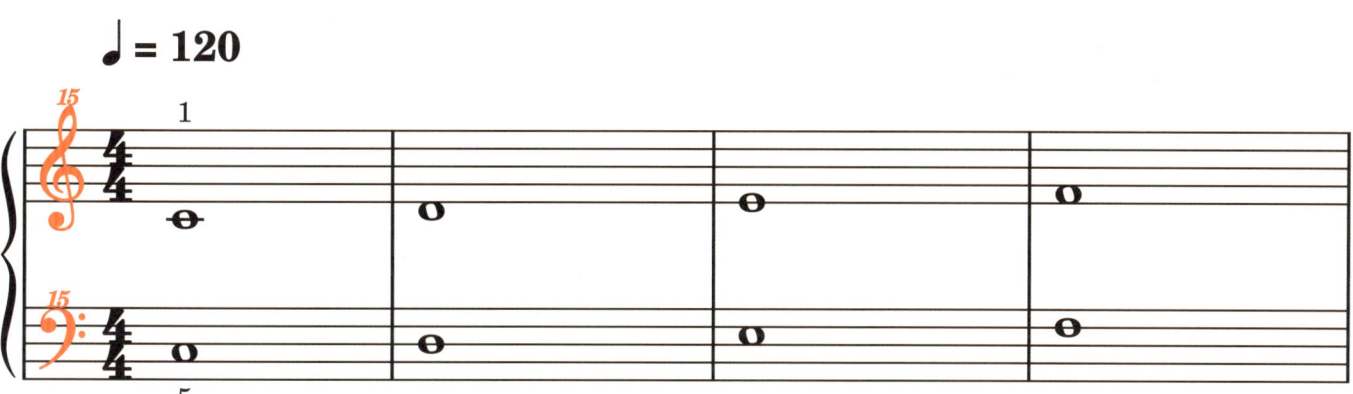

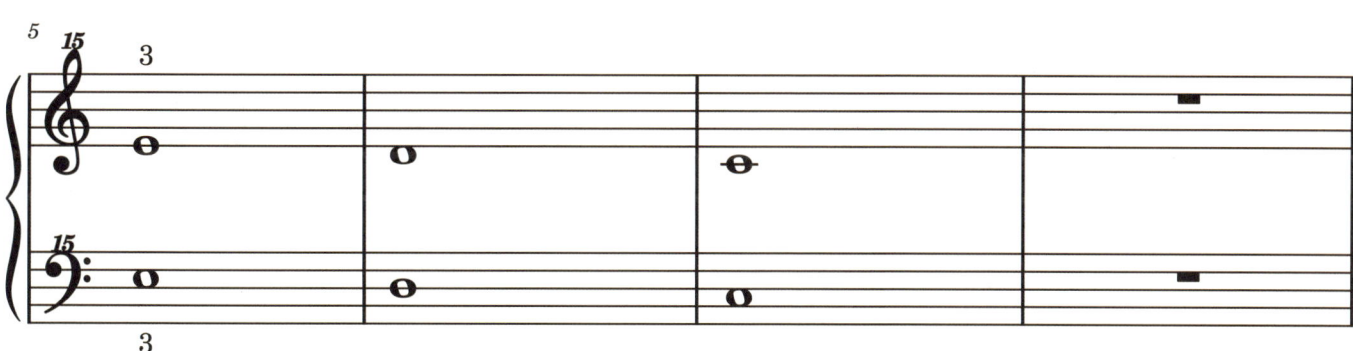

도의 자리 노래

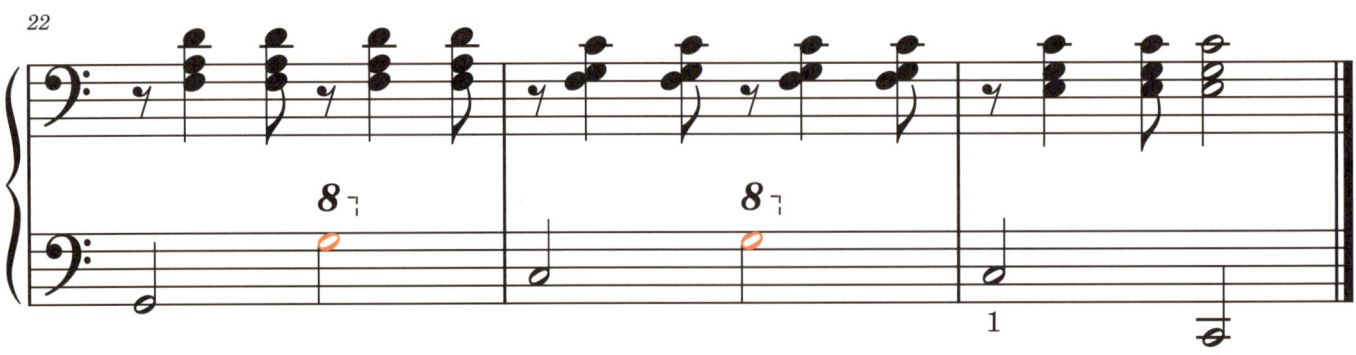

뻔뻔한 포핸즈
감성 포핸즈

도의 자리 노래

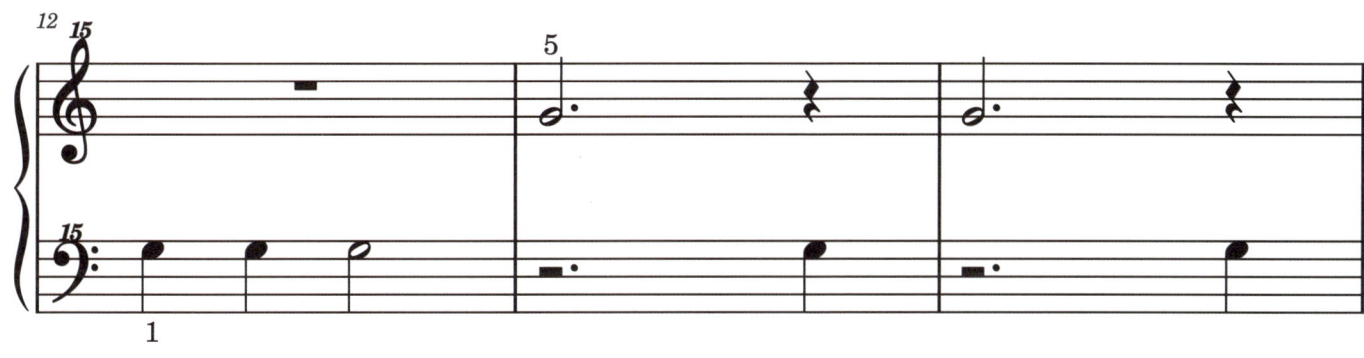

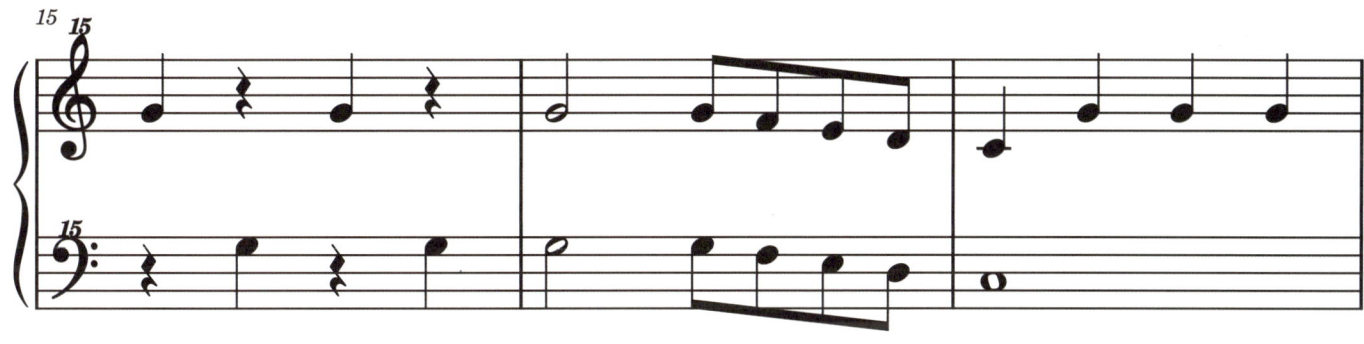

이민섭 작사 · 작곡

Second

당신은 사랑 받기 위해

with 캐논 변주곡

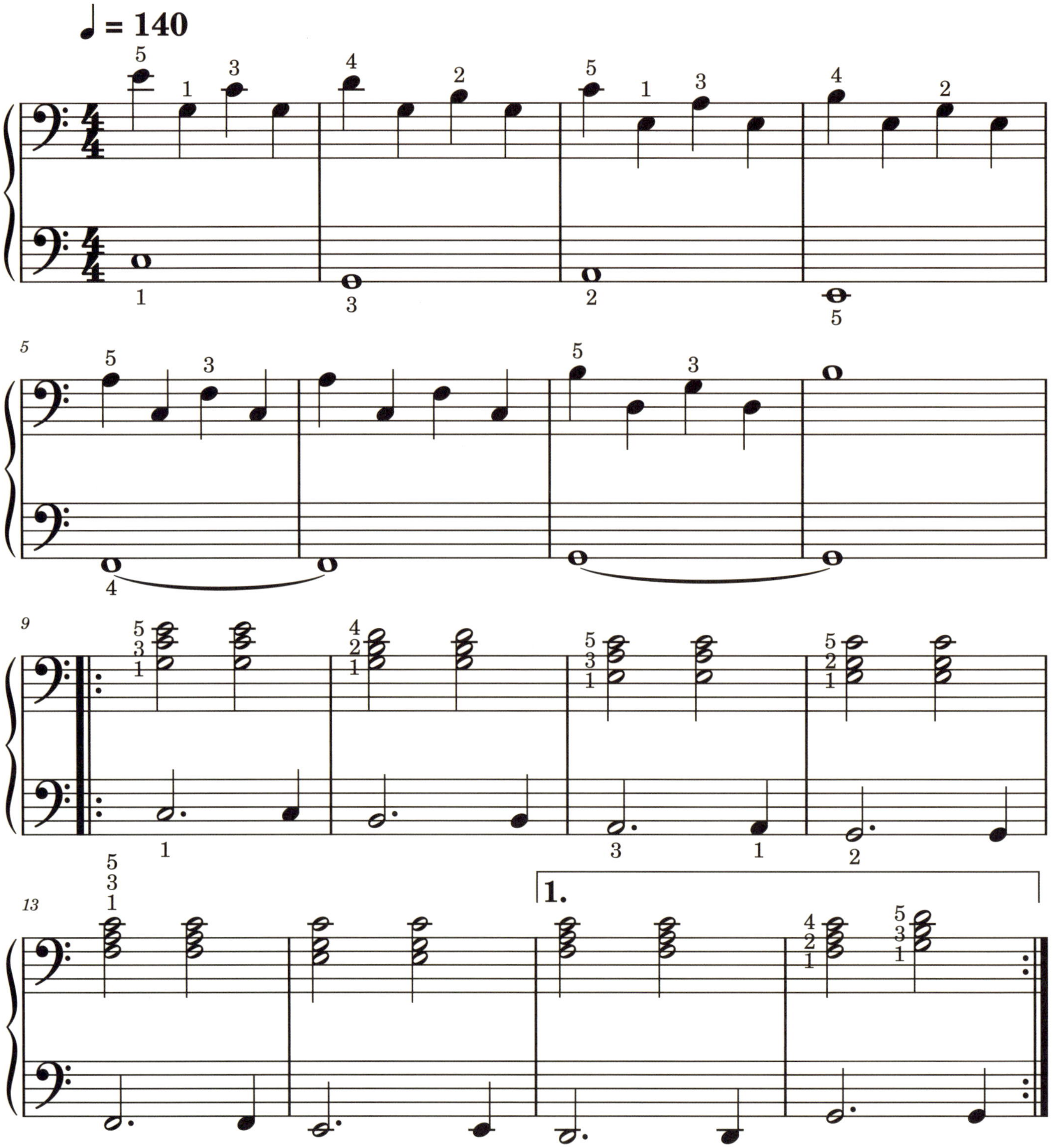

이민섭 작사 · 작곡

당신은
사랑 받기 위해

with 캐논 변주곡

모범 연주

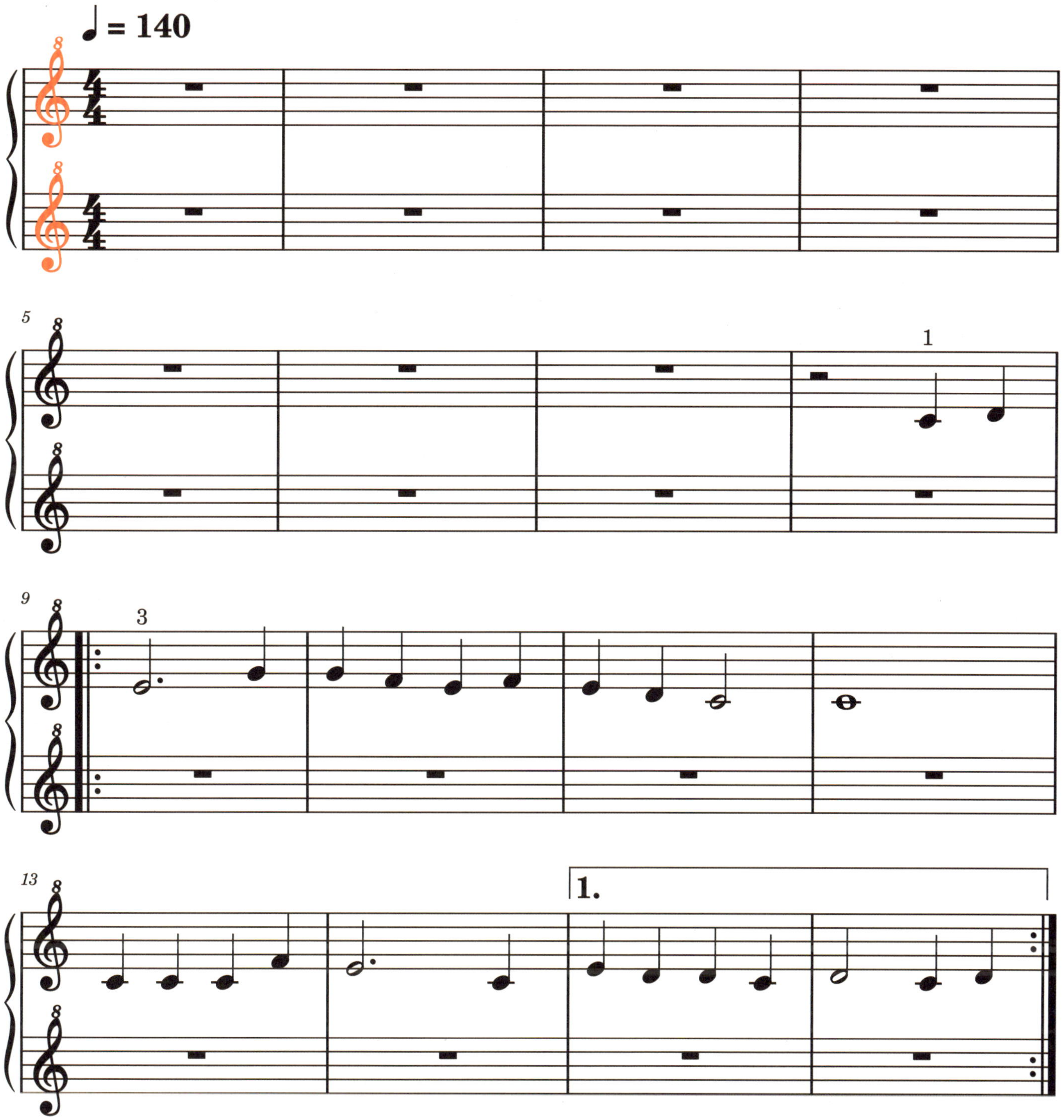

♩ = 140

당신은 사랑 받기 위해

뻔뻔한 포핸즈
감성 포핸즈

당신은 사랑 받기 위해

Second

성자의 행진

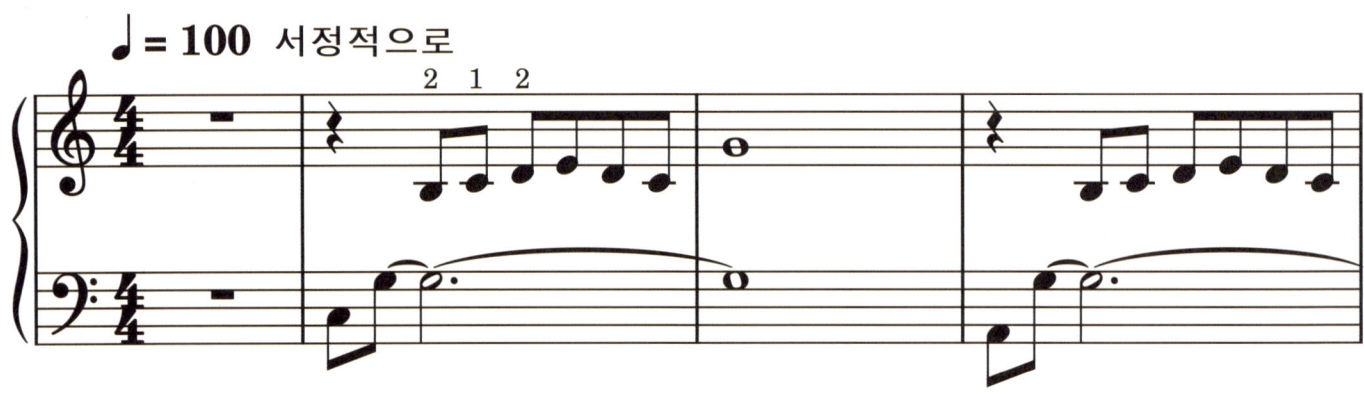

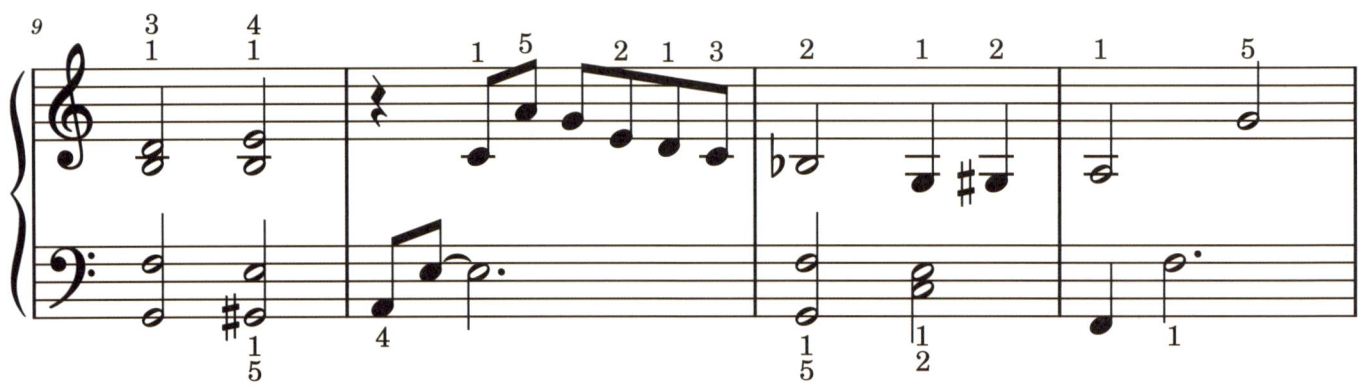

미국 민요

성자의 행진

모범 연주

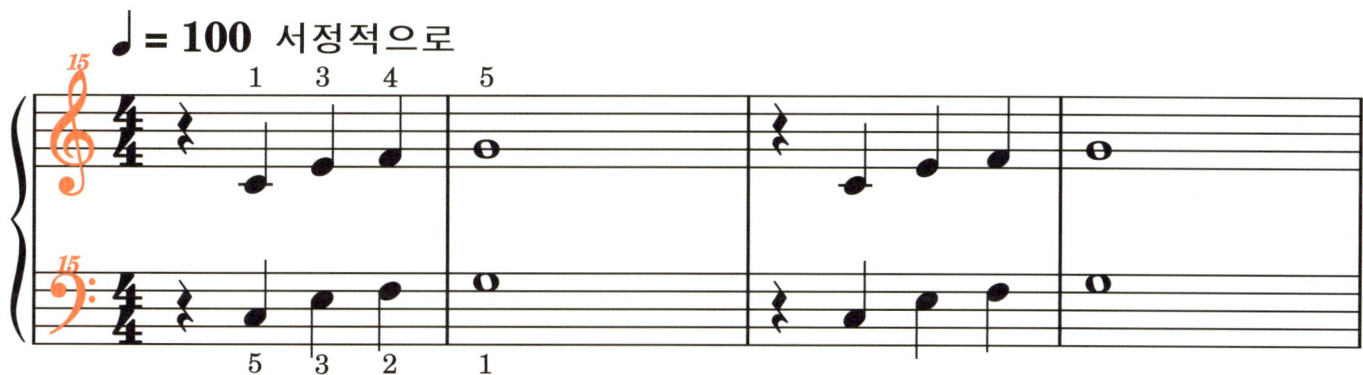

성자의 행진

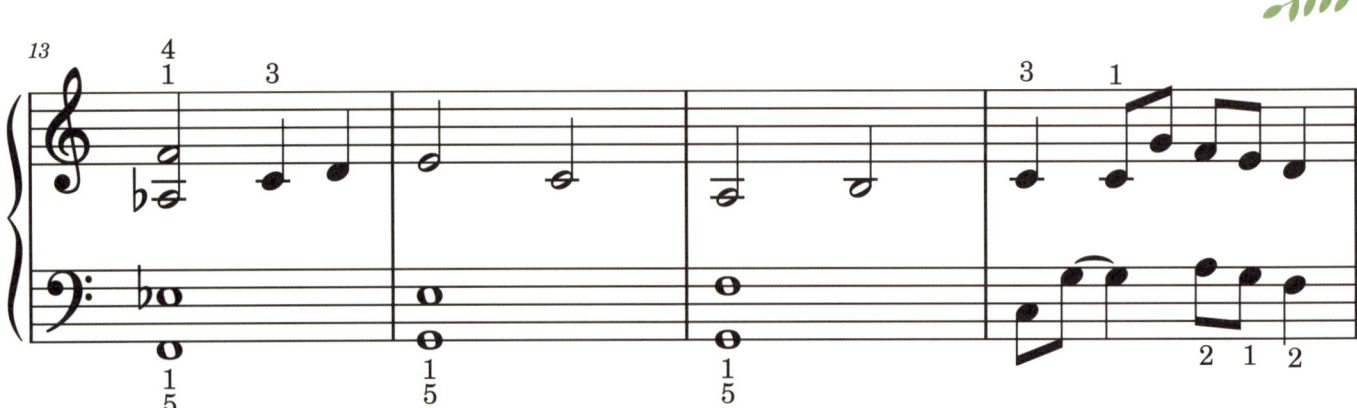

뻔뻔한 포핸즈
감성 포핸즈

성자의 행진

♩ = 100　빠르고 신나게

(마음 속으로 박자 세기)

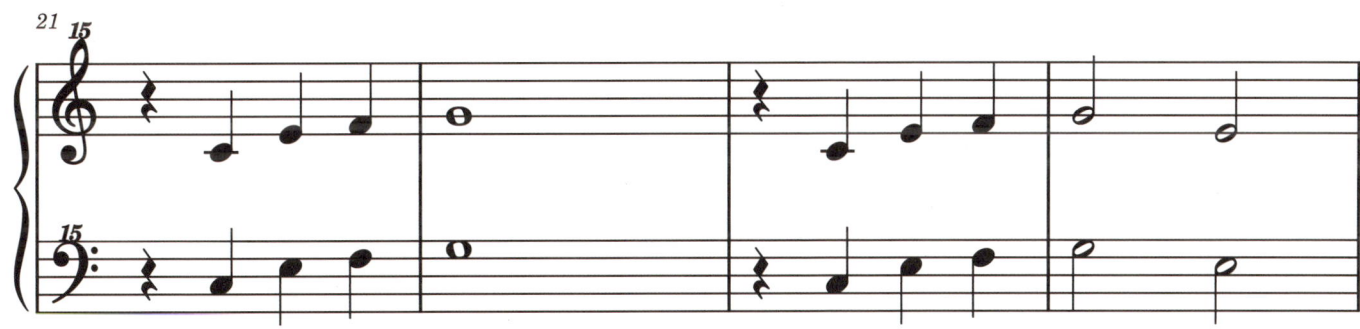

성자의 행진

성자의 행진

성자의 행진

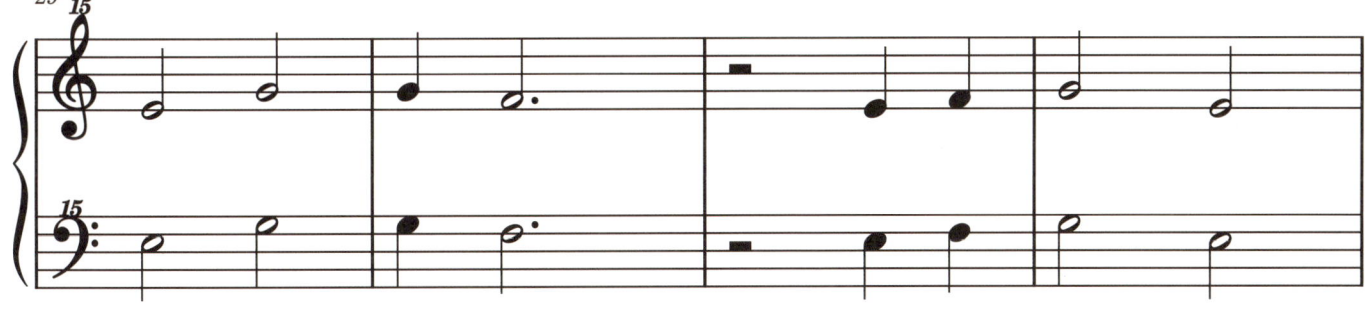

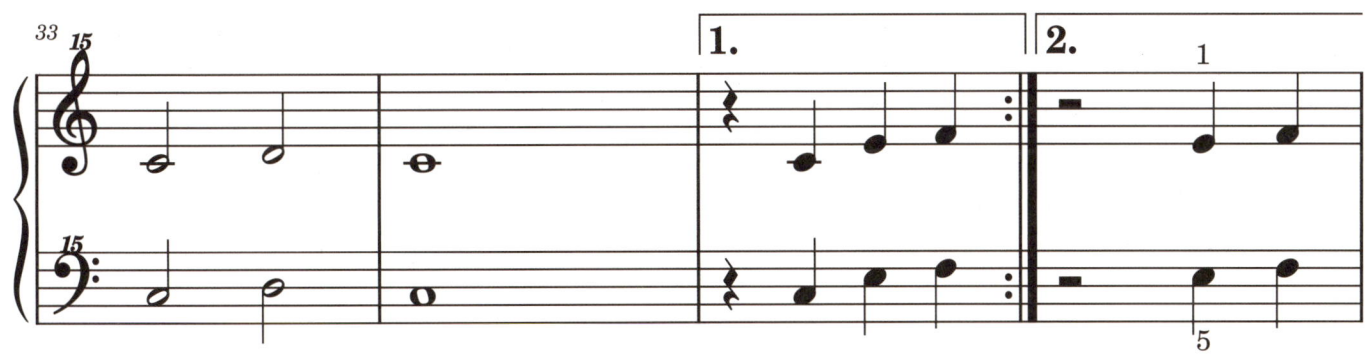

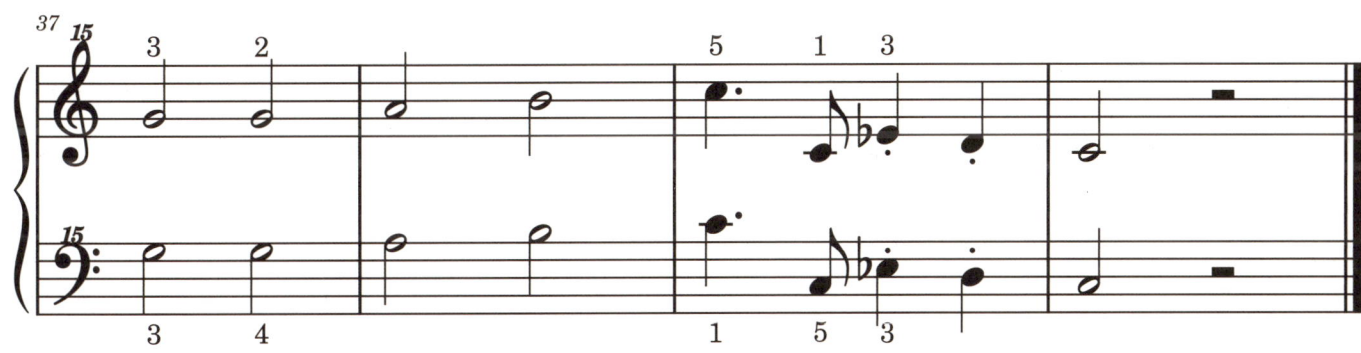

한태근 작사·작곡

Second

꼬부랑 할머니

♩ = **90** 서정적으로

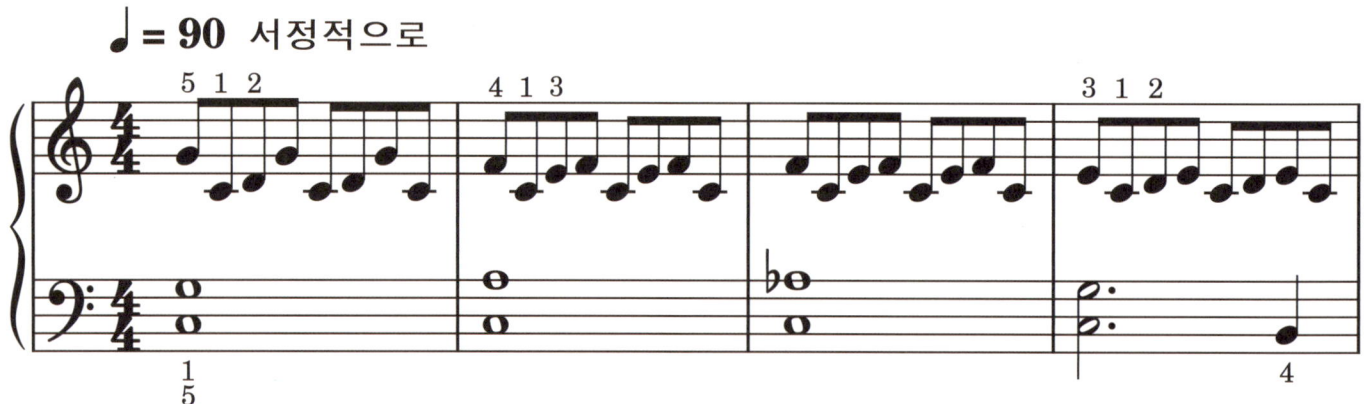

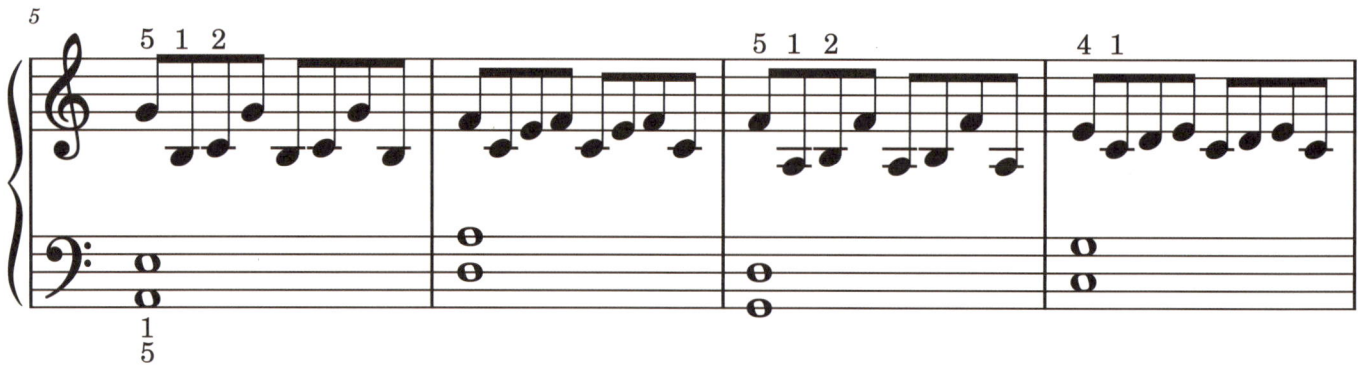

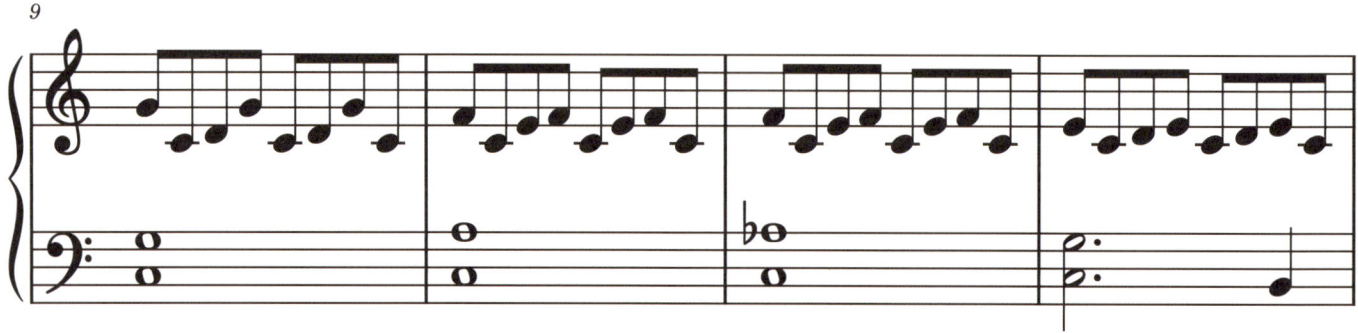

꼬부랑 할머니

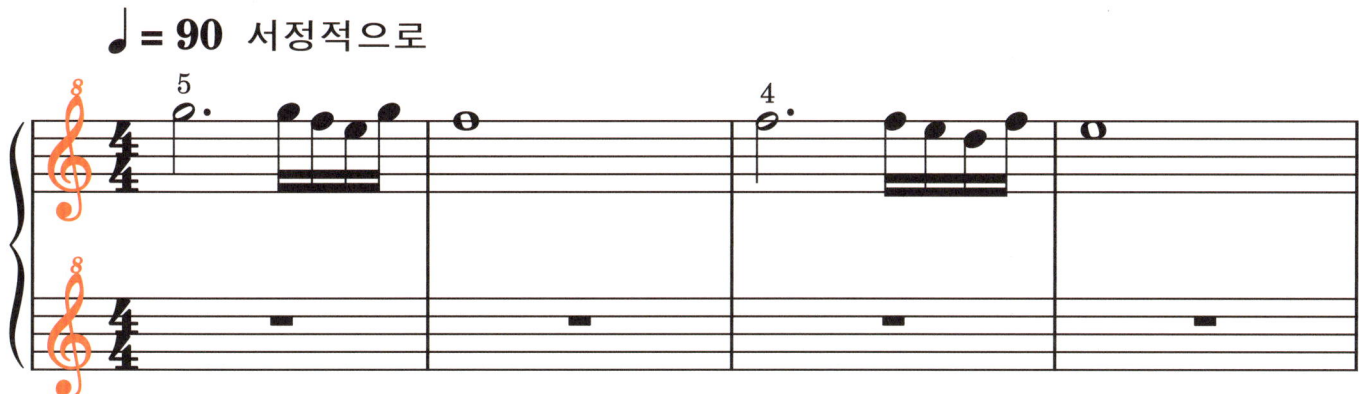

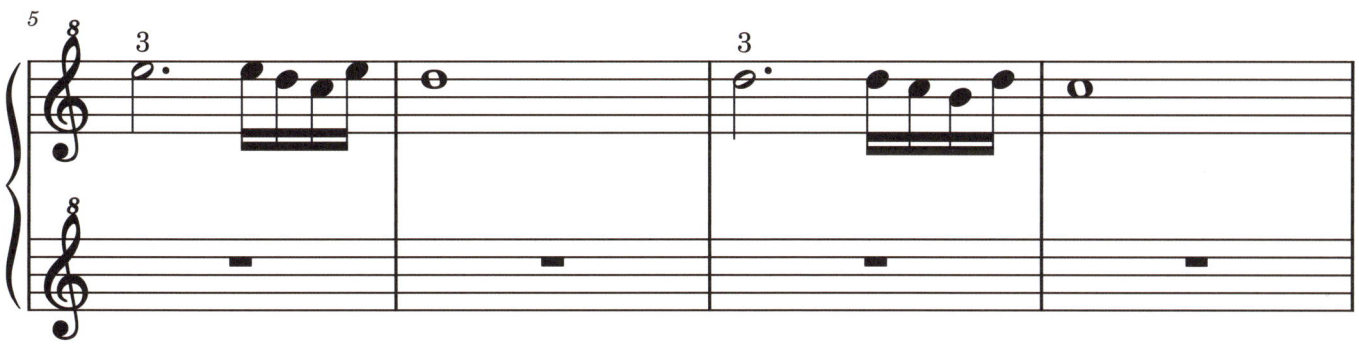

뻔뻔한 포핸즈
감성 포핸즈

꼬부랑 할머니

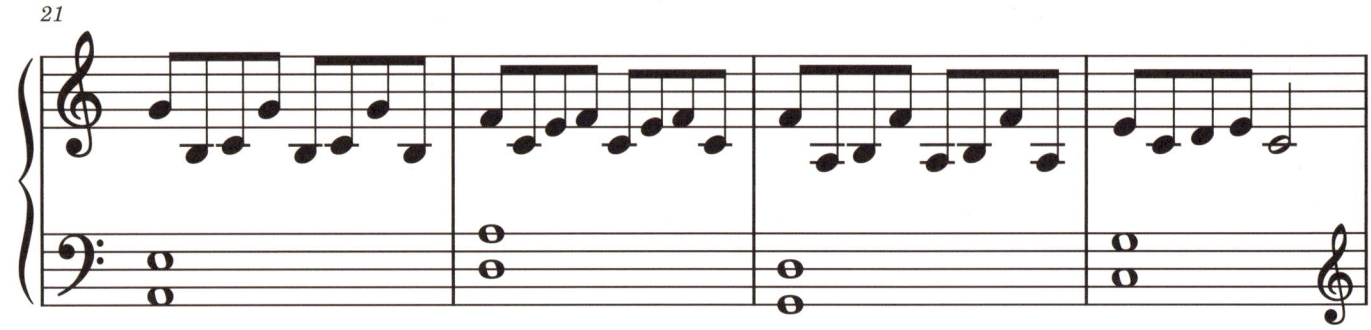

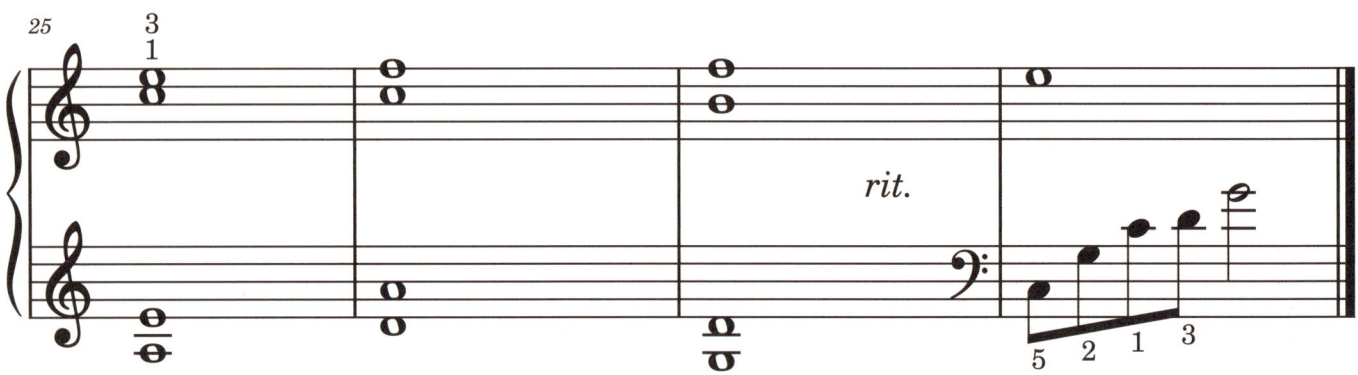

꼬부랑 할머니

우리끼리 포핸즈

10월의 어느 멋진 날에 · 할아버지의 낡은 시계 · 연가

Heart and Soul · 아빠의 청춘 · 수고했어, 오늘도

번뻔한 포핸즈
우리끼리 포핸즈

한경혜 작사
롤프 러블랜드 작곡

Second

10월의 어느 멋진 날에

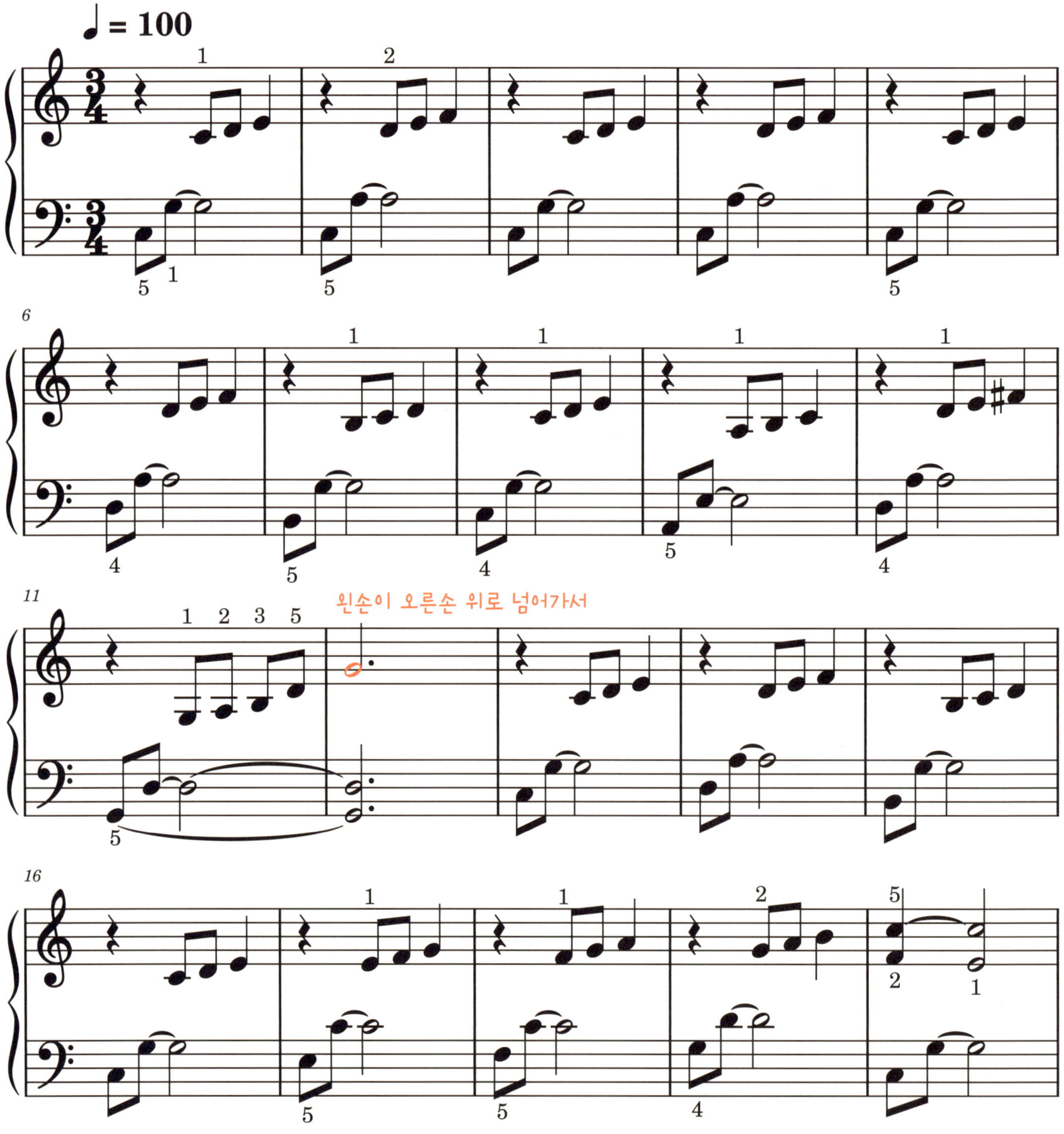
♩ = 100
왼손이 오른손 위로 넘어가서

한경혜 작사
롤프 러블랜드 작곡

First

10월의
어느 멋진 날에

모범 연주

10월의 어느 멋진 날에

뻔뻔한 포핸즈
우리끼리 포핸즈

10월의 어느 멋진 날에

헨리 워크 작사 · 작곡

할아버지의 낡은 시계

헨리 워크 작사 · 작곡

First

할아버지의 낡은 시계

1st만 솔로곡으로 연주 가능

모범 연주

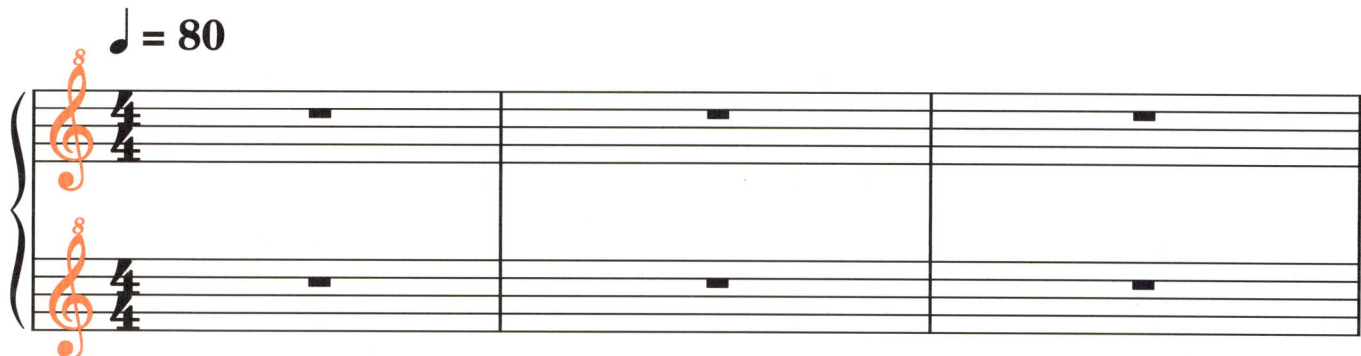

할아버지의 낡은 시계

뻔뻔한 포핸즈
우리끼리 포핸즈

할아버지의 낡은 시계

Second

연가

First

연가

모범 연주

연가

연가

프랭크 로서 작사
호기 카마이클 작곡

Heart and Soul

영화 'Big' OST

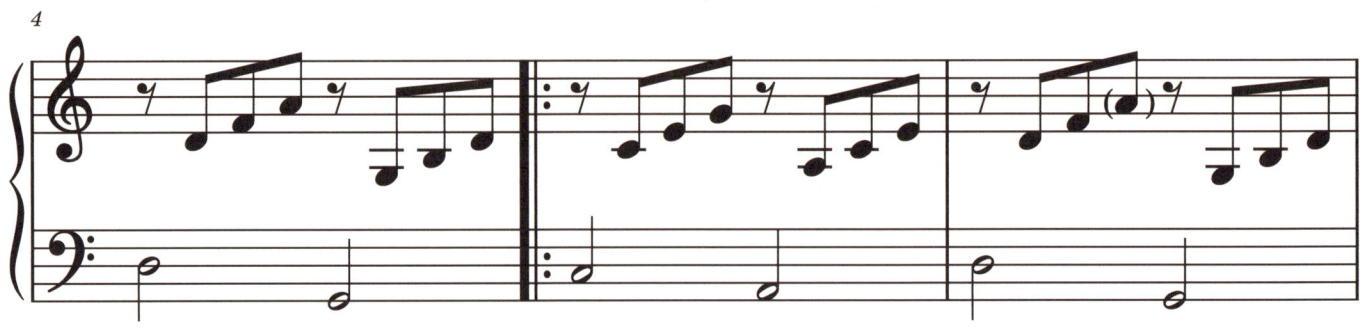

프랭크 로서 작사
호기 카마이클 작곡

First

Heart and Soul

영화 'Big' OST

모범 연주

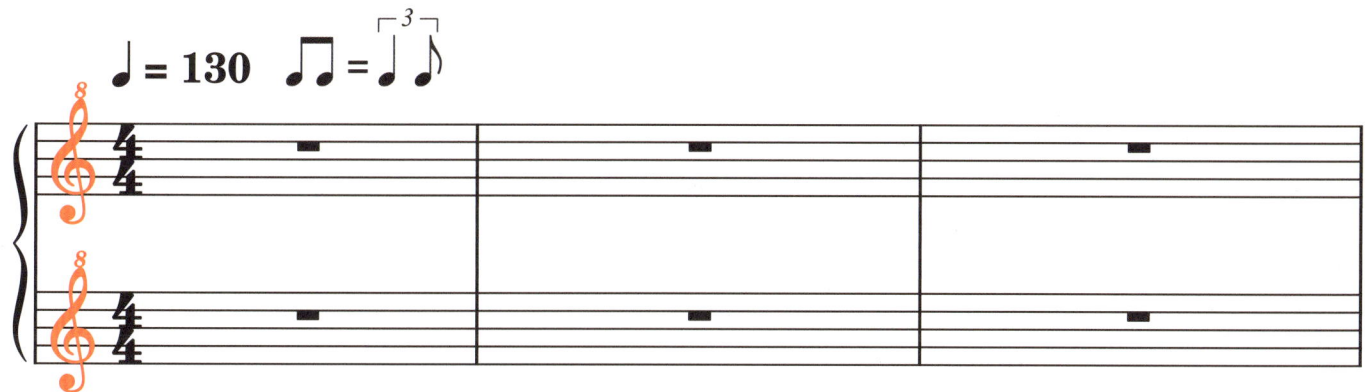

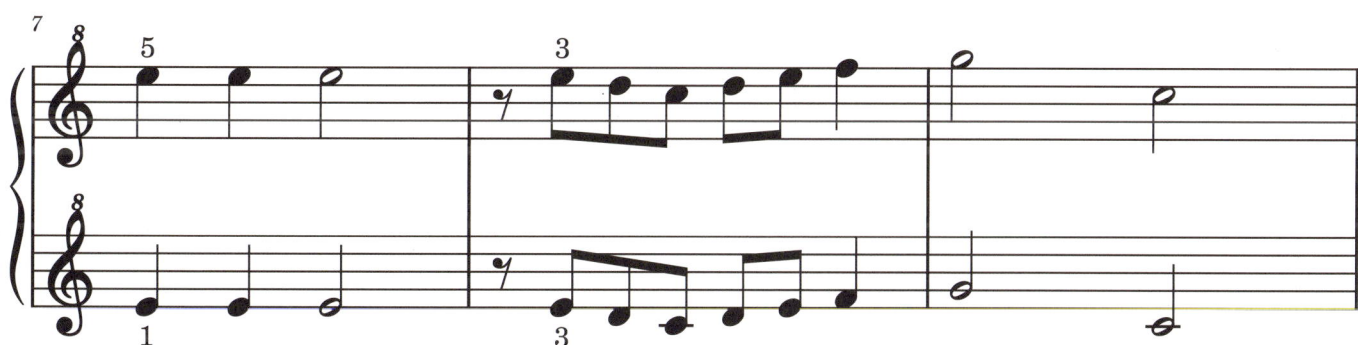

13~20마디 생략 가능

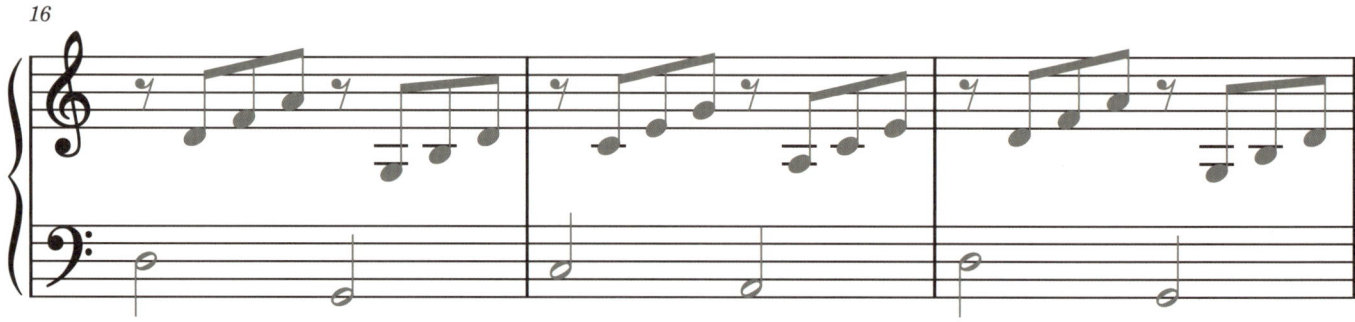

뻔뻔한 포핸즈
우리끼리 포핸즈

Heart and Soul

13~20마디 생략 가능

뻔뻔한 포핸즈
우리끼리 포핸즈

Heart and Soul

뻔뻔한 포핸즈
우리끼리 포핸즈

Heart and Soul

생략 가능

반야월 작사
손목인 작곡

Second

아빠의 청춘

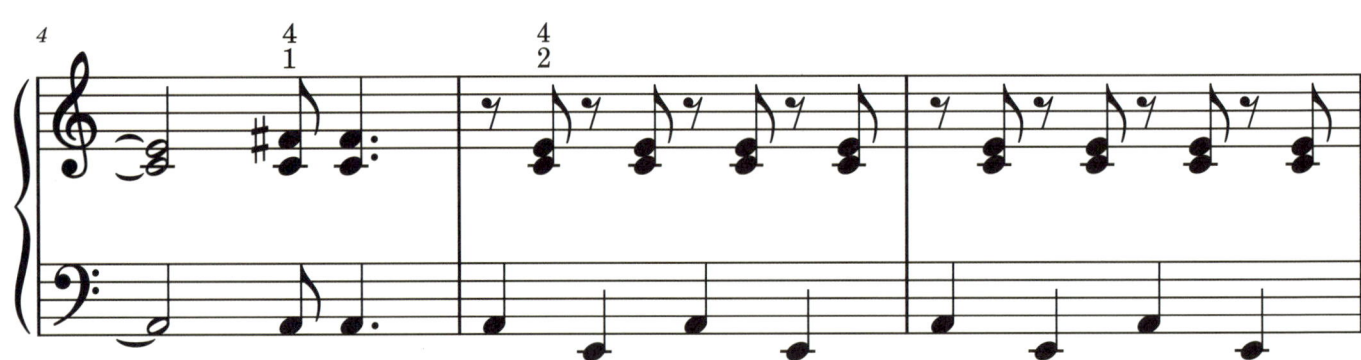

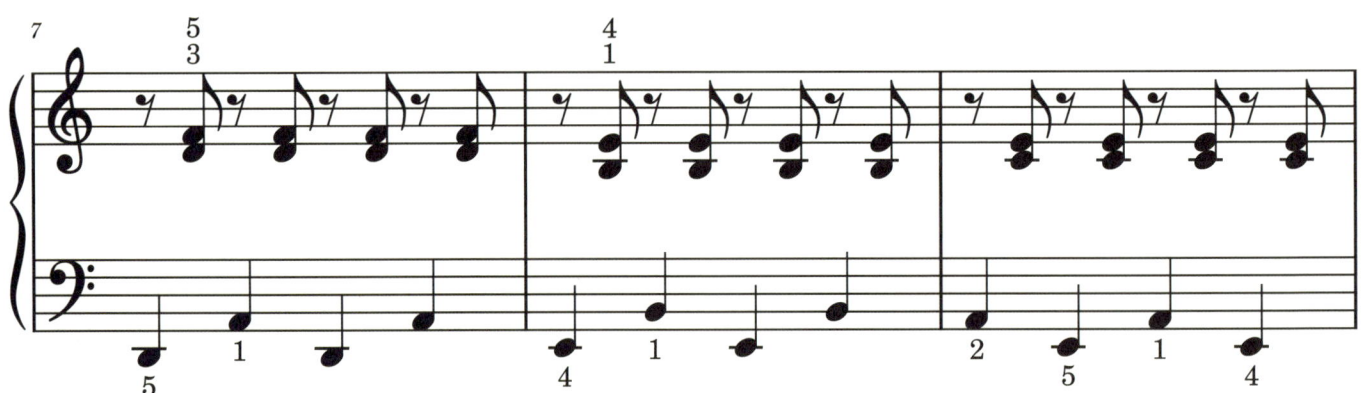

반야월 작사
손목인 작곡

아빠의 청춘

First

모범 연주

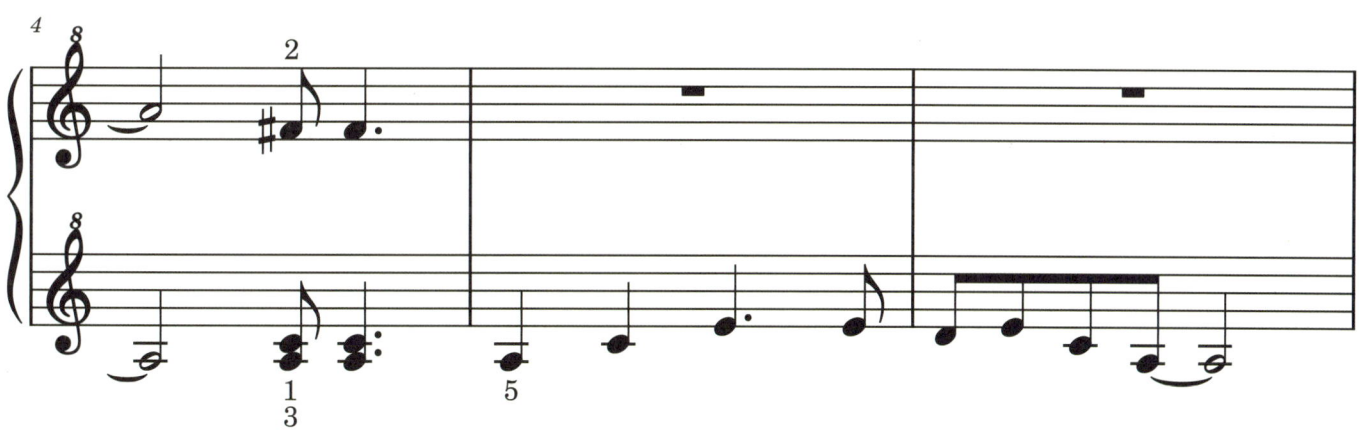

뻔뻔한 포핸즈
우리끼리 포핸즈

아빠의 청춘

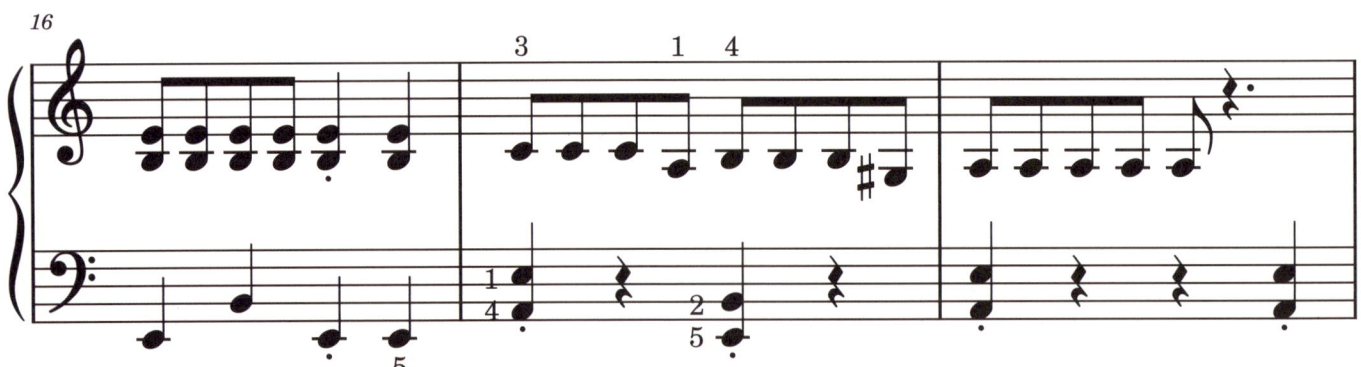

뻔뻔한 포핸즈
우리끼리 포핸즈

아빠의 청춘

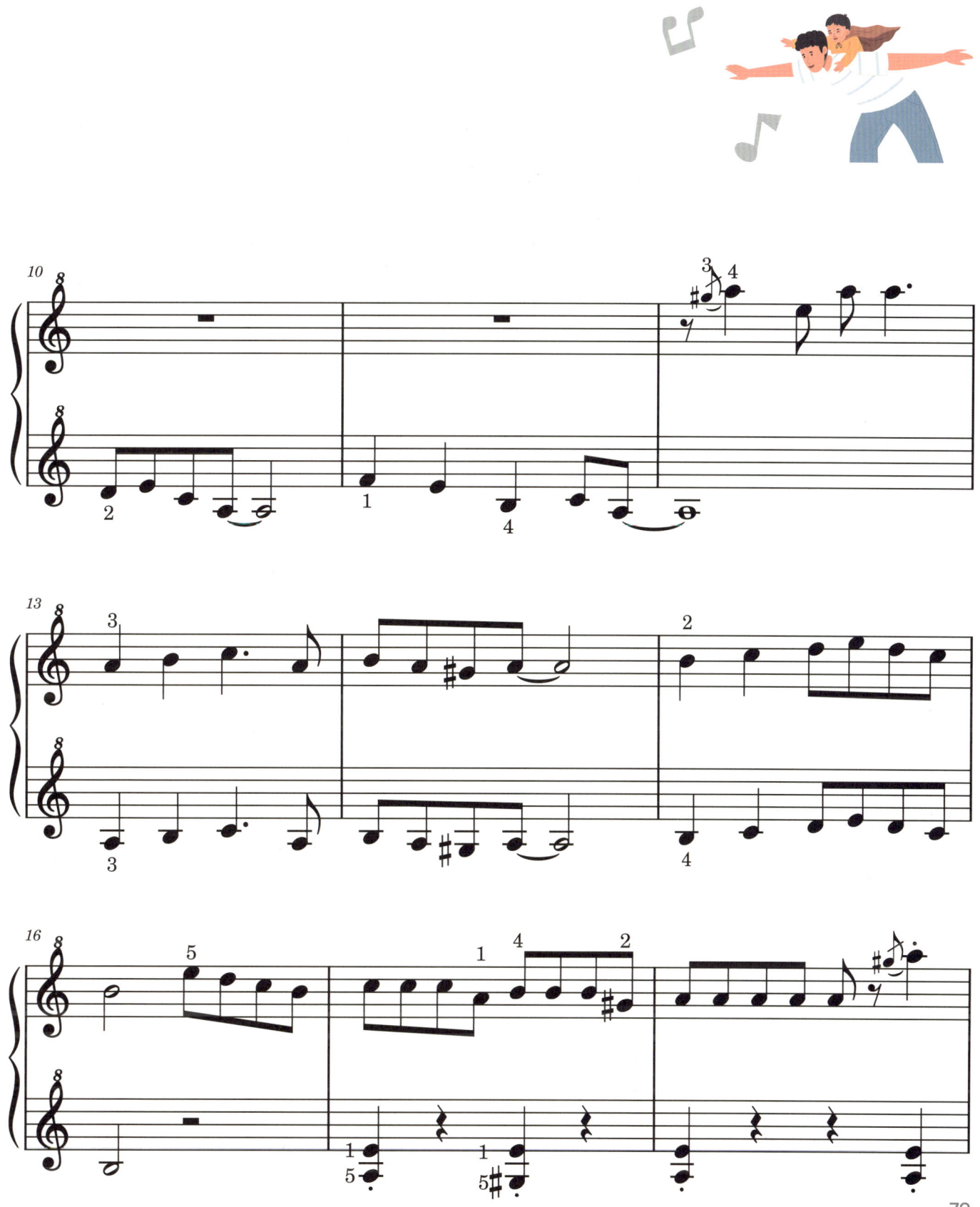

아빠의 청춘

아빠의 청춘

김윤주 작사·작곡

수고했어, 오늘도

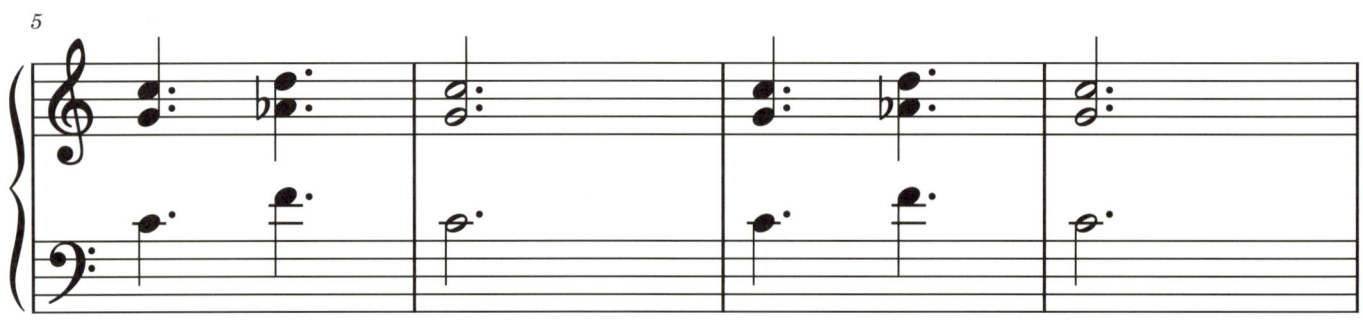

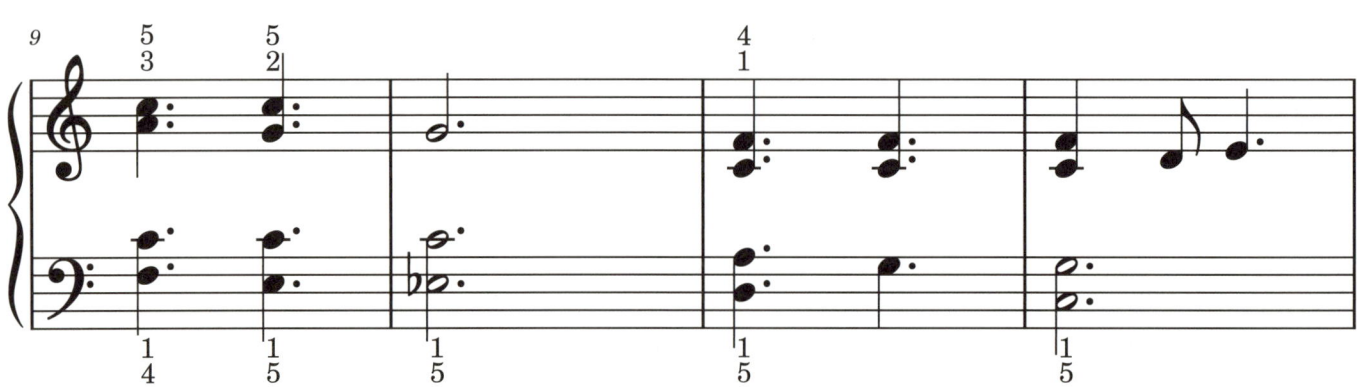

김윤주 작사 · 작곡

수고했어, 오늘도

모범 연주

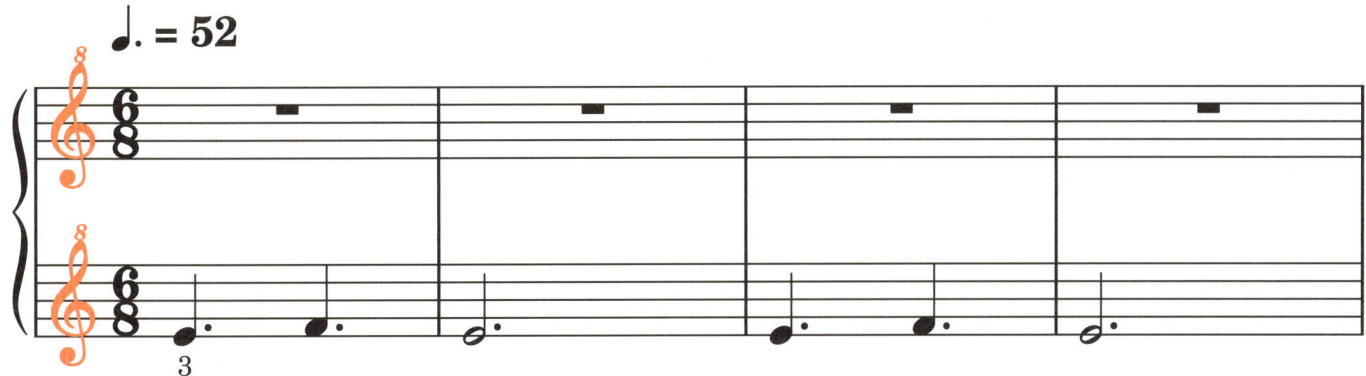

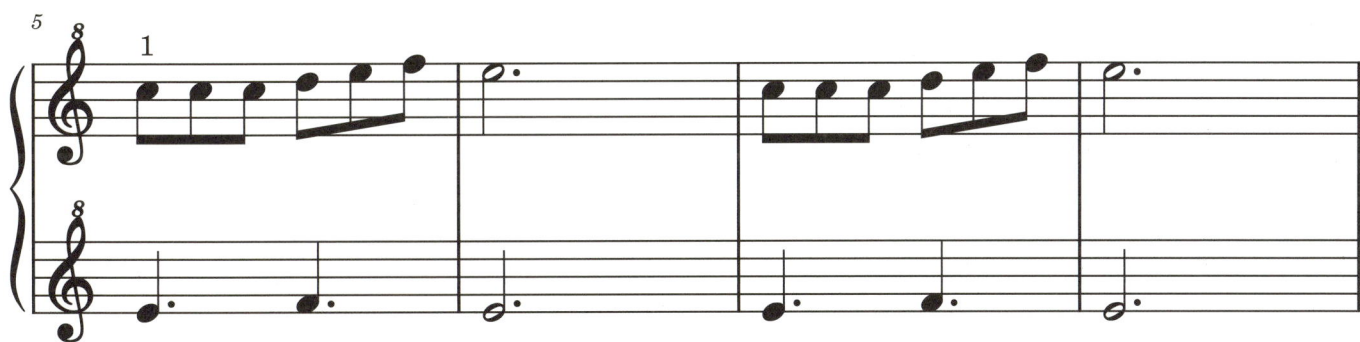

뻔뻔한 포핸즈
우리끼리 포핸즈

수고했어, 오늘도

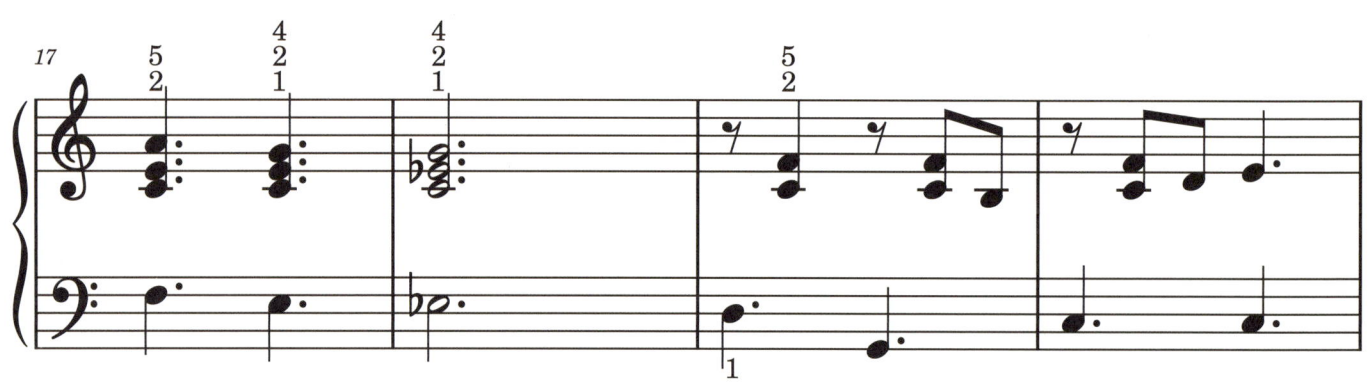

뻔뻔한 포핸즈
우리끼리 포핸즈

수고했어, 오늘도

번번한 포핸즈
우리끼리 포핸즈

수고했어, 오늘도

뻔뻔한 포핸즈
우리끼리 포핸즈

수고했어, 오늘도

선생님이 열일하는
포핸즈

조개 껍질 묶어 · 열 꼬마 인디언 · 라틴 여우 · 질풍가도

아름다운 마음들이 모여서 · 봄봄봄 · 꼬마야 꼬마야

윤형주 작사 · 작곡

Second

조개 껍질 묶어

윤형주 작사 · 작곡

First

조개 껍질 묶어

모범 연주

종, 터치벨 등으로

조개 껍질 묶어

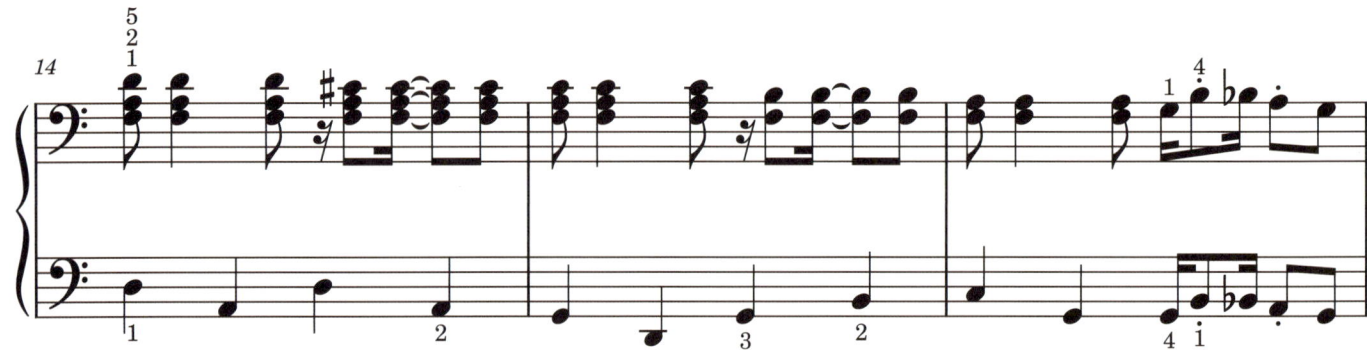

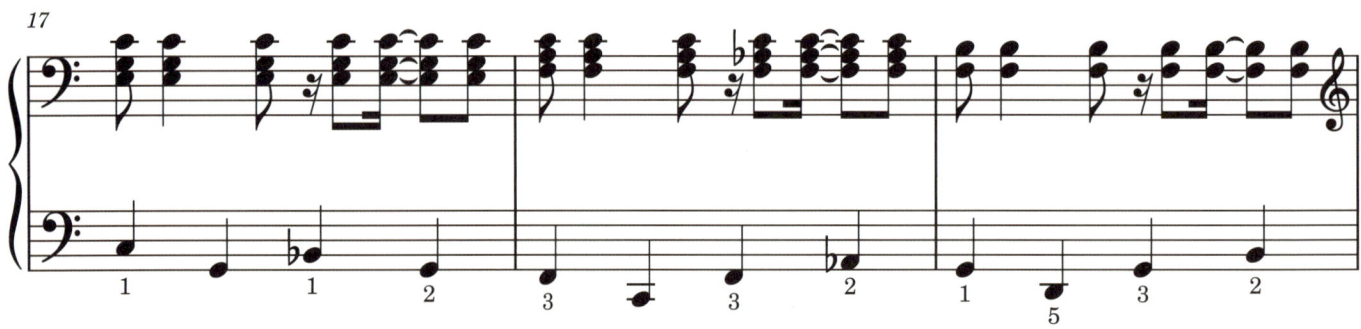

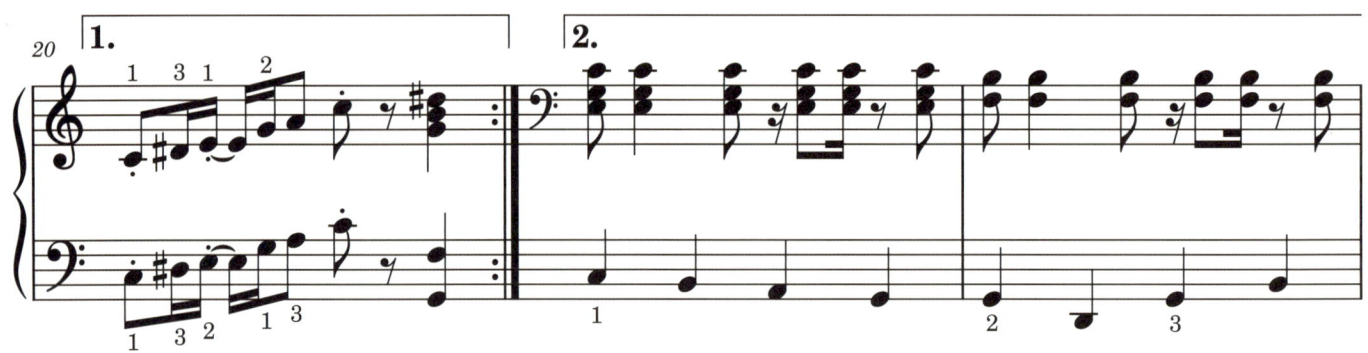

뻔뻔한 포핸즈
선생님이 열일하는 포핸즈

조개 껍질 묶어

Second

열 꼬마 인디언

아래와 같이 선택 연주 가능
① Intro - A - B - C ② Intro - A - C ③ Intro - A ④ Intro - B

Intro

♩ = 120

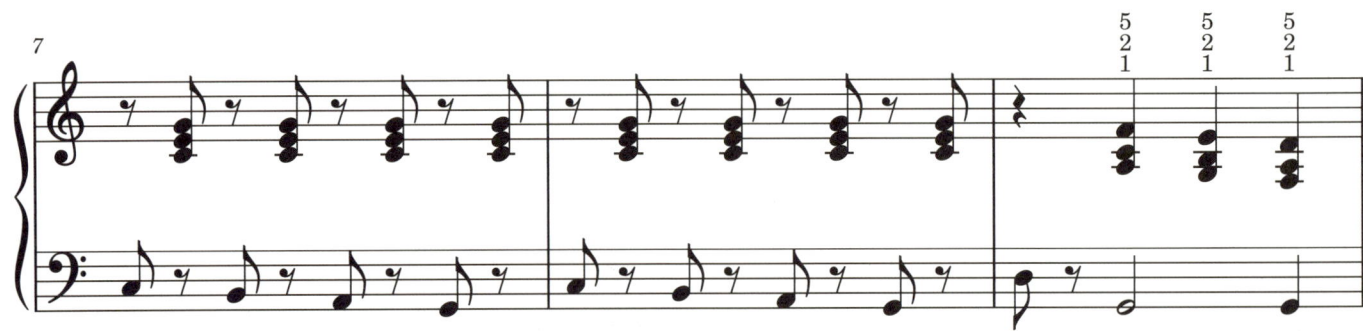

First

열 꼬마 인디언

모범 연주

아래와 같이 선택 연주 가능
① Intro - A - B- C ② Intro - A - C ③ Intro - A ④ Intro - B

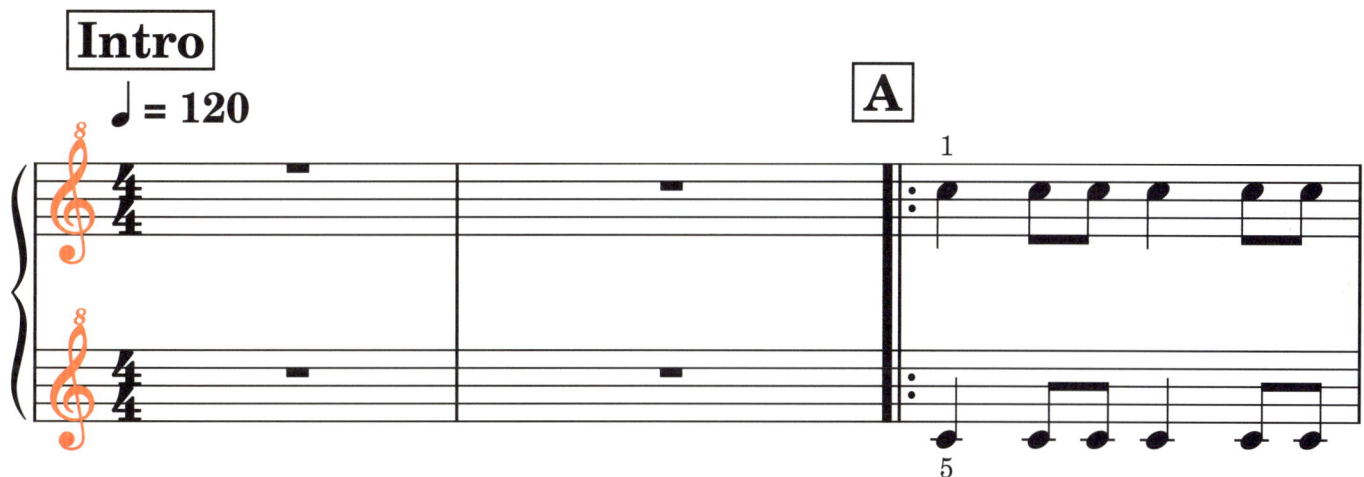

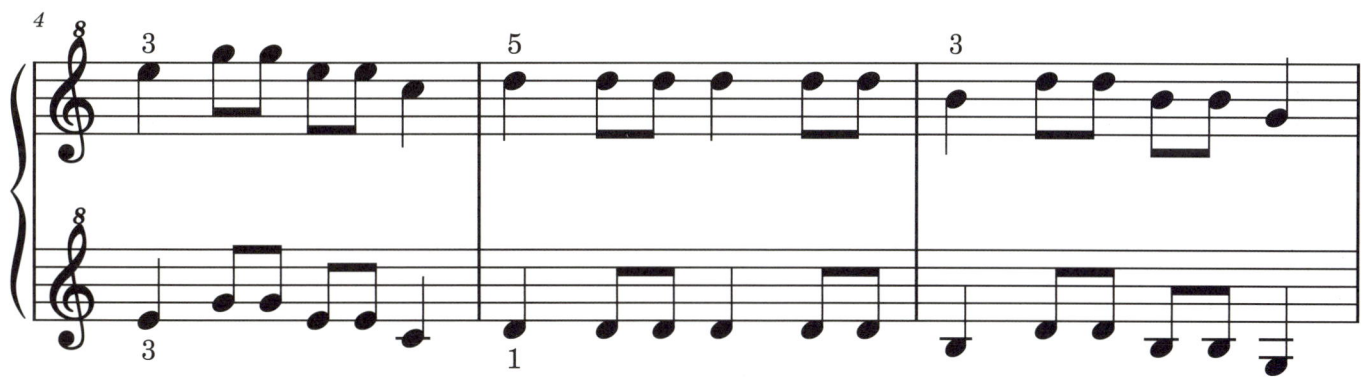

열 꼬마 인디언

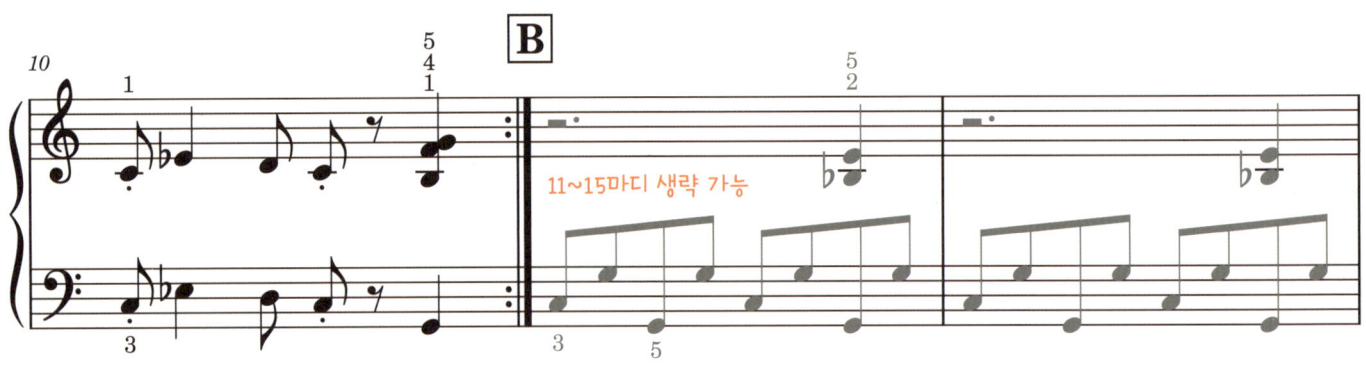

11~15마디 생략 가능

열 꼬마 인디언

11~15마디 생략 가능

열 꼬마 인디언

생략 가능

gliss.

뻔뻔한 포핸즈
선생님이 열일하는 포핸즈

열 꼬마 인디언

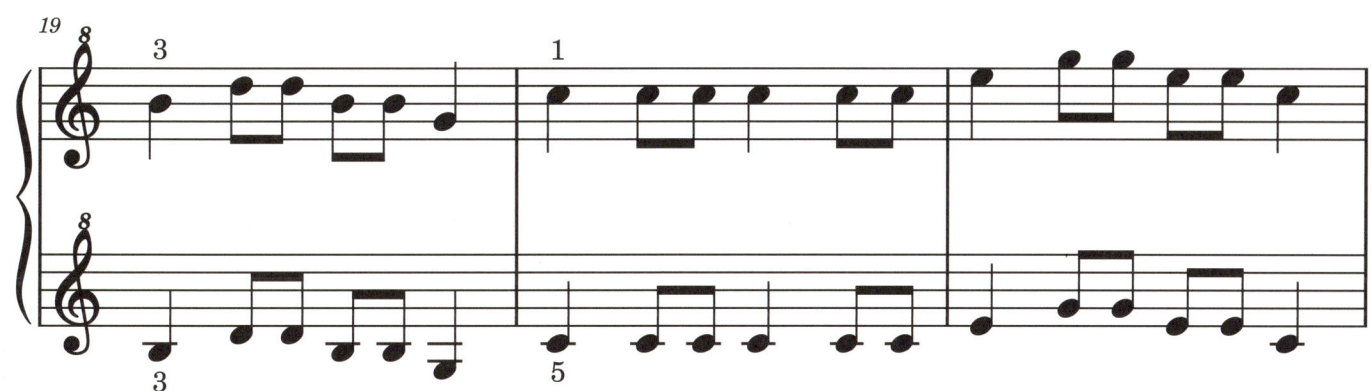

생략 가능

Second

라틴 여우
(여우야 여우야)

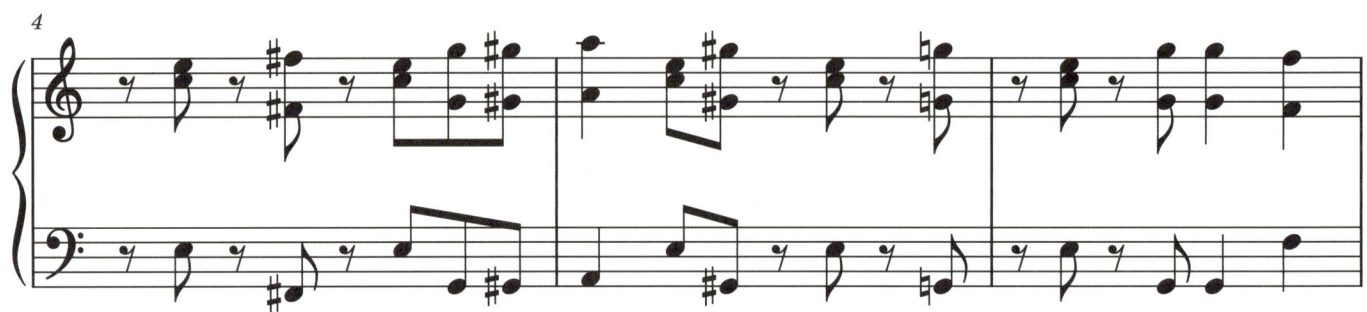

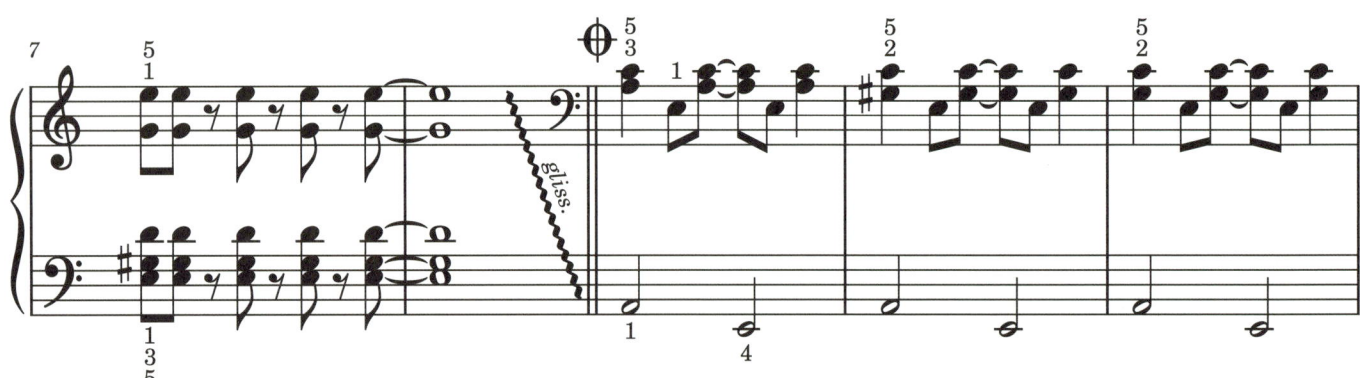

First

라틴 여우
(여우야 여우야)

♩ = 100

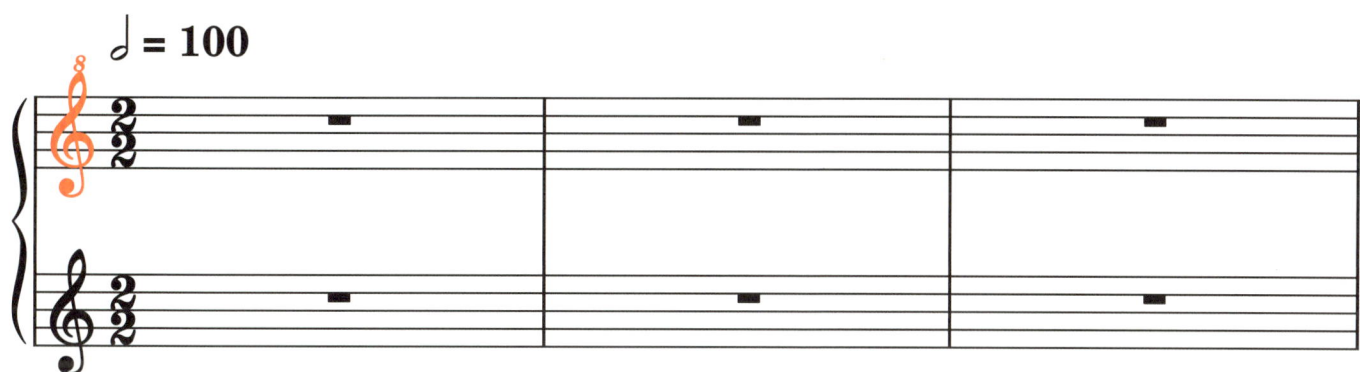

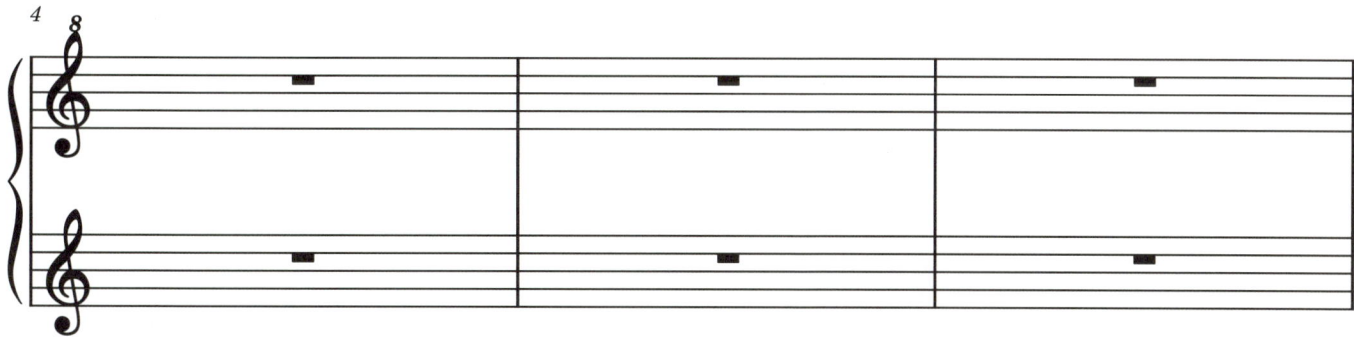

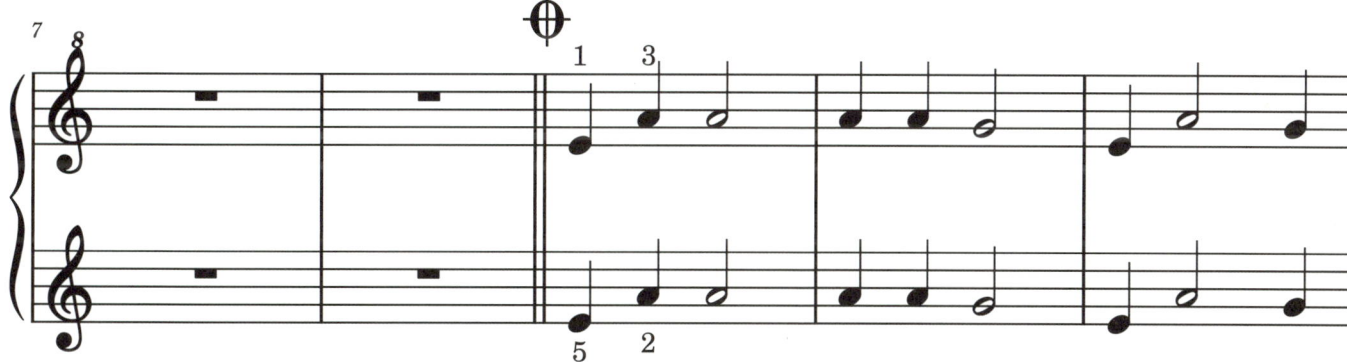

라틴 여우

D.C. al Coda

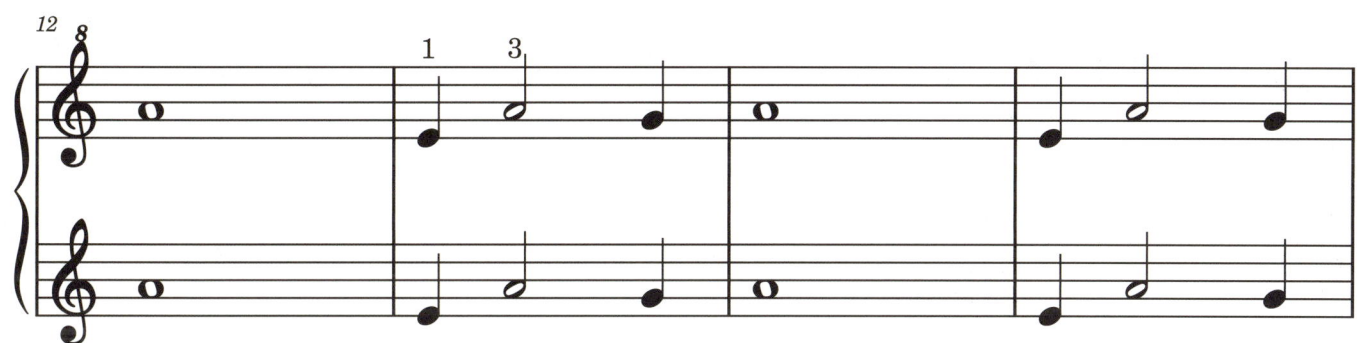

D.C. al Coda

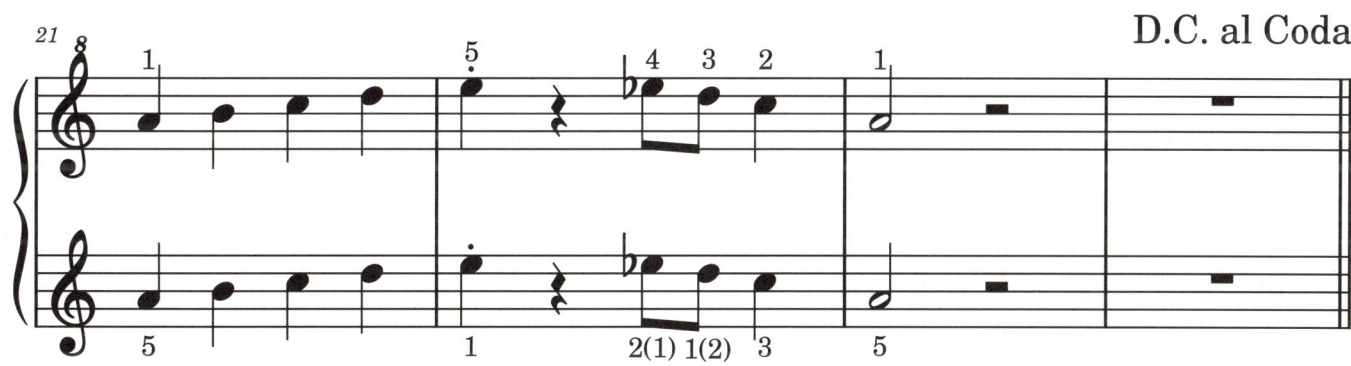

라틴 여우

왼손이 오른손 위로 넘어가서

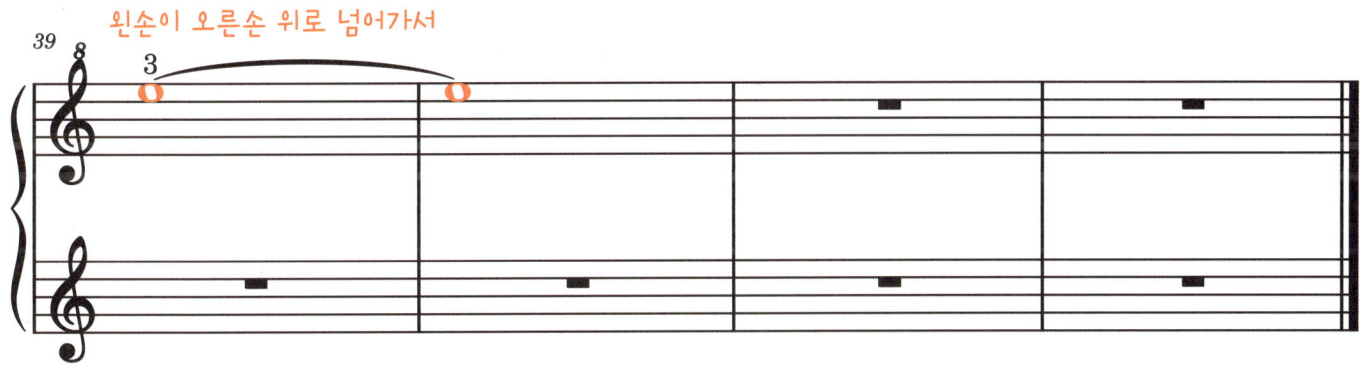

Second

질풍가도

신동식 작사
박동식 작곡

First

질풍가도

모범 연주

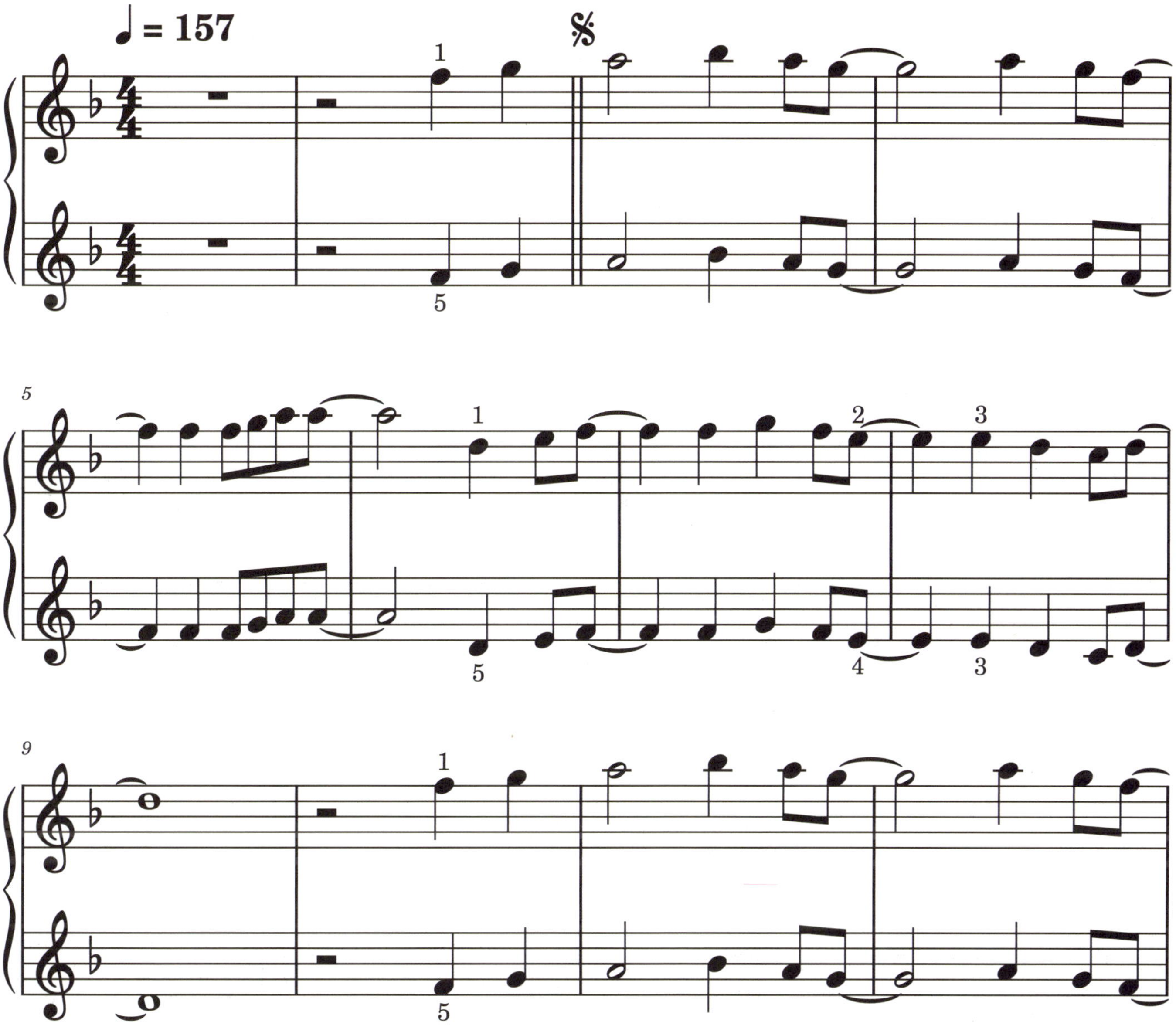

뻔뻔한 포핸즈
선생님이 열일하는 포핸즈

질풍가도

뻔뻔한 포핸즈
선생님이 열일하는 포핸즈

질풍가도

질풍가도

질풍가도

작자 미상

Second

아름다운 마음들이 모여서

> *아래와 같이 선택 연주 가능
> ① Intro - A - B ② Intro - A ③ Intro - B

First

아름다운 마음들이 모여서

모범 연주

> *아래와 같이 선택 연주 가능
> ① Intro - A - B ② Intro - A ③ Intro - B

Intro

♩ = 110

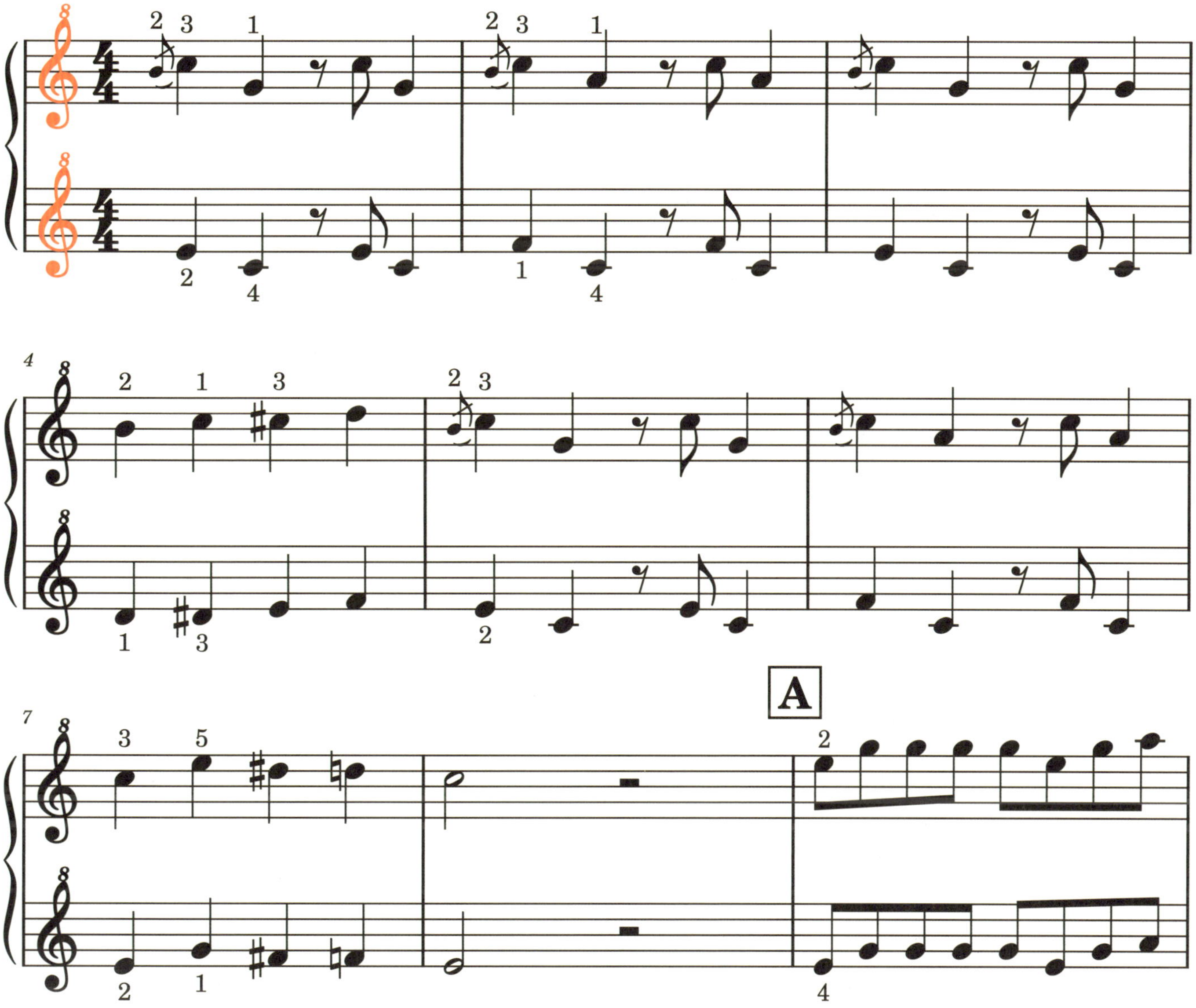

뻔뻔한 포핸즈
선생님이 열일하는 포핸즈

아름다운 마음들이 모여서

아름다운 마음들이 모여서

아름다운 마음들이 모여서

아름다운 마음들이 모여서

아름다운 마음들이 모여서

뻔뻔한 포핸즈
선생님이 열일하는 포핸즈

아름다운 마음들이 모여서

로이킴, 배영경 작사
로이킴 작곡

Second

봄봄봄

로이킴, 배영경 작사
로이킴 작곡

First

봄봄봄

모범 연주

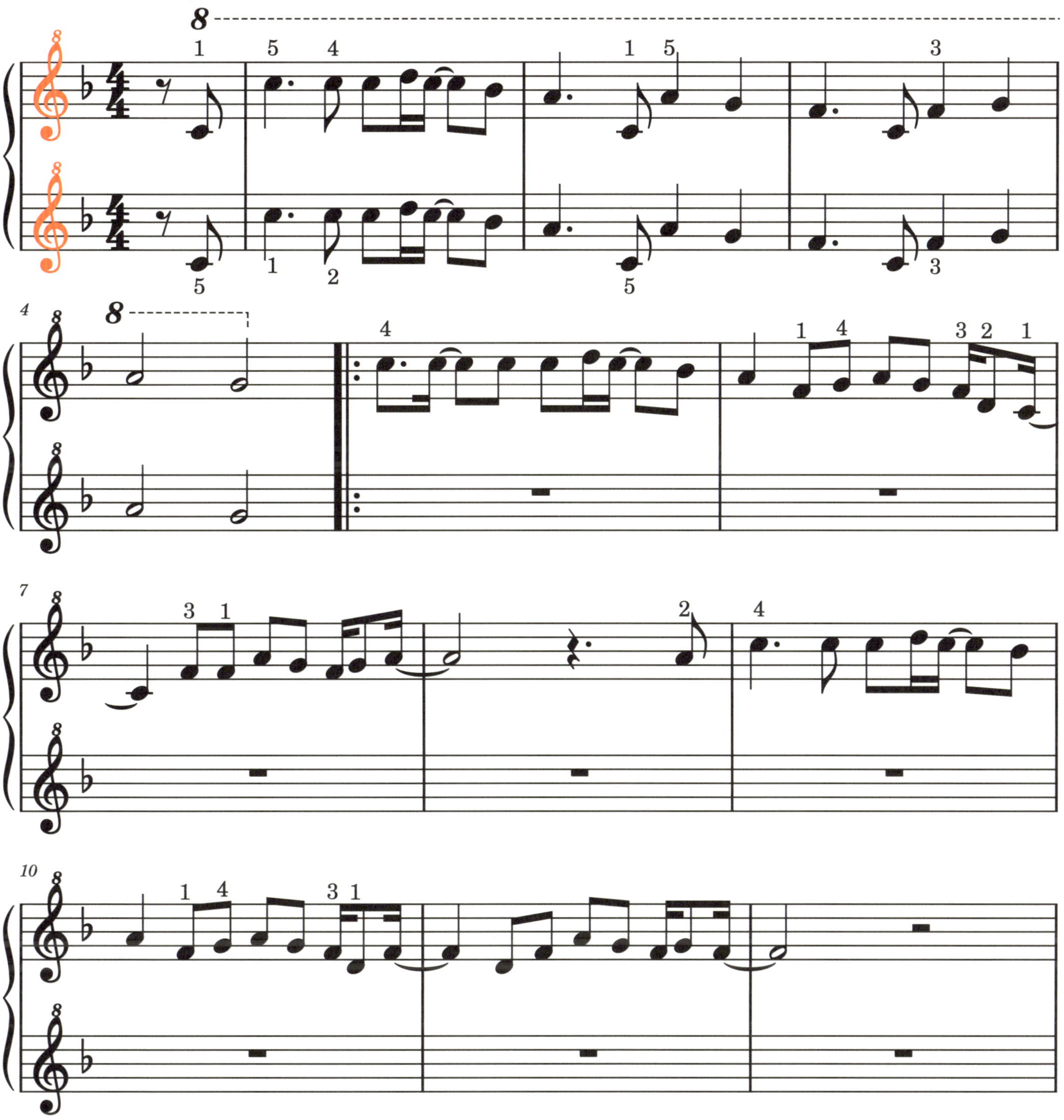

봄봄봄

봄봄봄

뻔뻔한 포핸즈
선생님이 열일하는 포핸즈

봄봄봄

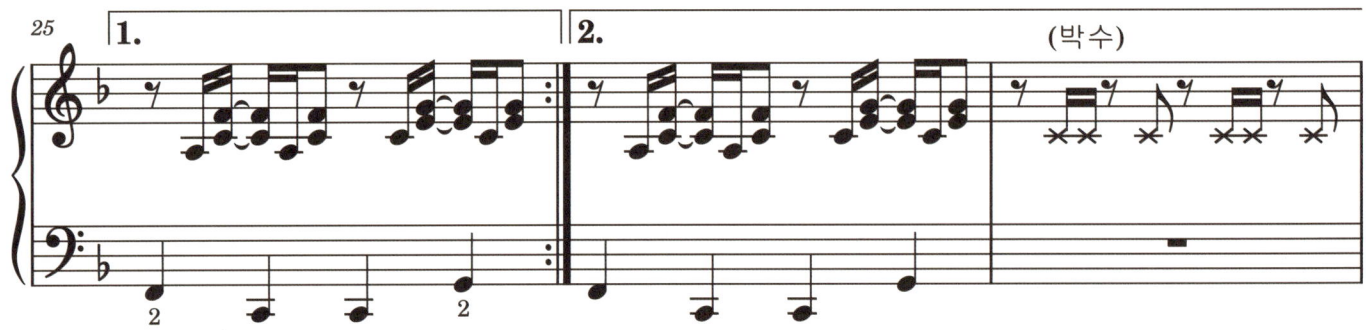

봄봄봄

Second

꼬마야 꼬마야

♩ = 110

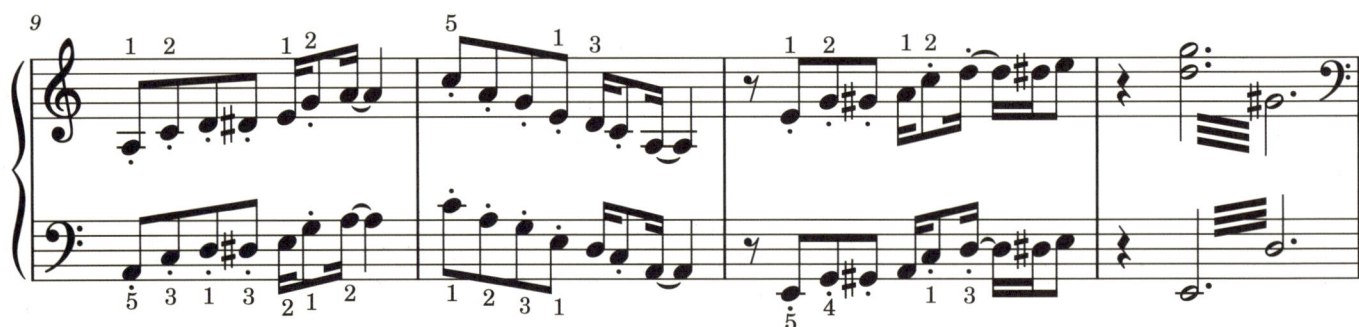

모범 연주

First

꼬마야 꼬마야

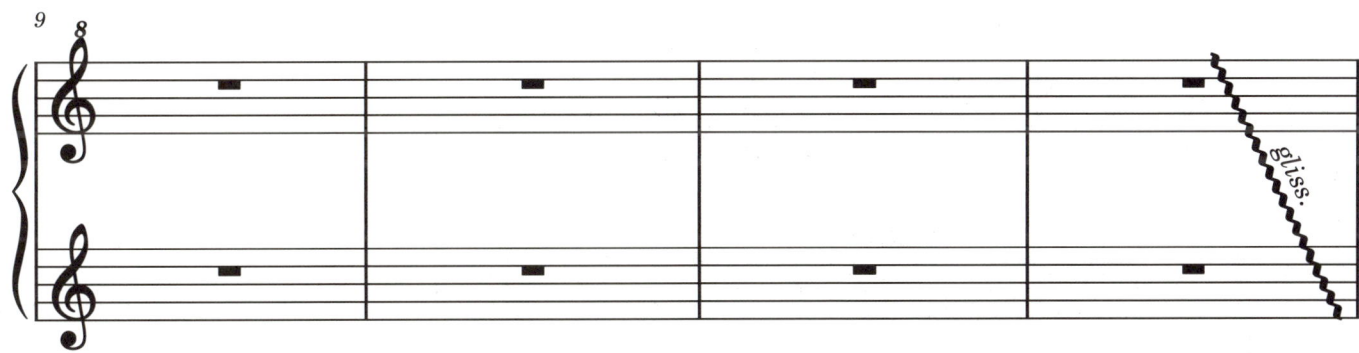

꼬마야 꼬마야

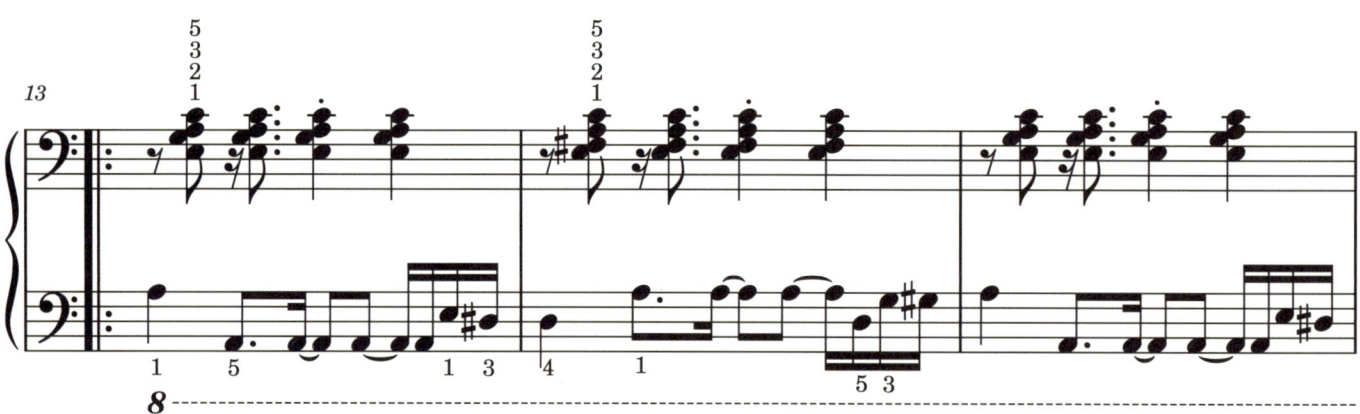

21~25마디 생략 가능

뻔뻔한 포핸즈
선생님이 열일하는 포핸즈

꼬마야 꼬마야

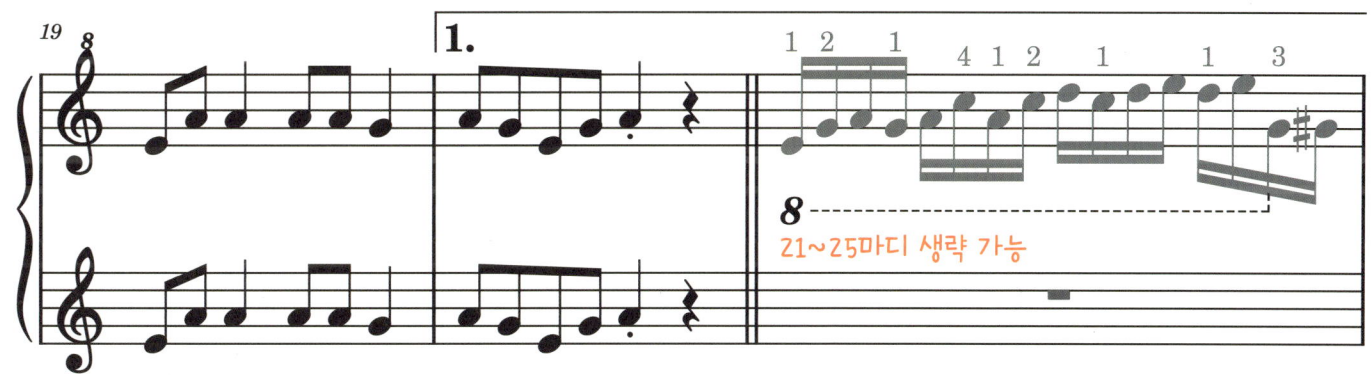

21~25마디 생략 가능

꼬마야 꼬마야

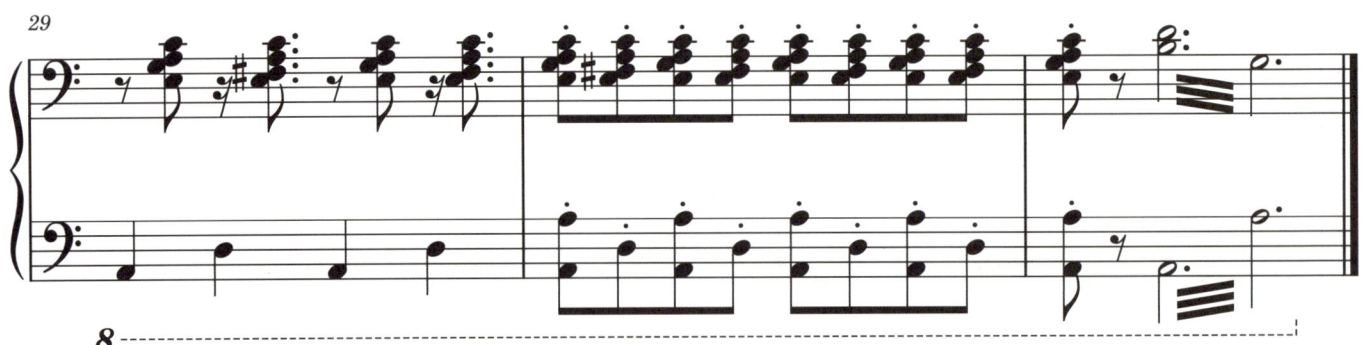

뻔뻔한 포핸즈
선생님이 열일하는 포핸즈

꼬마야 꼬마야

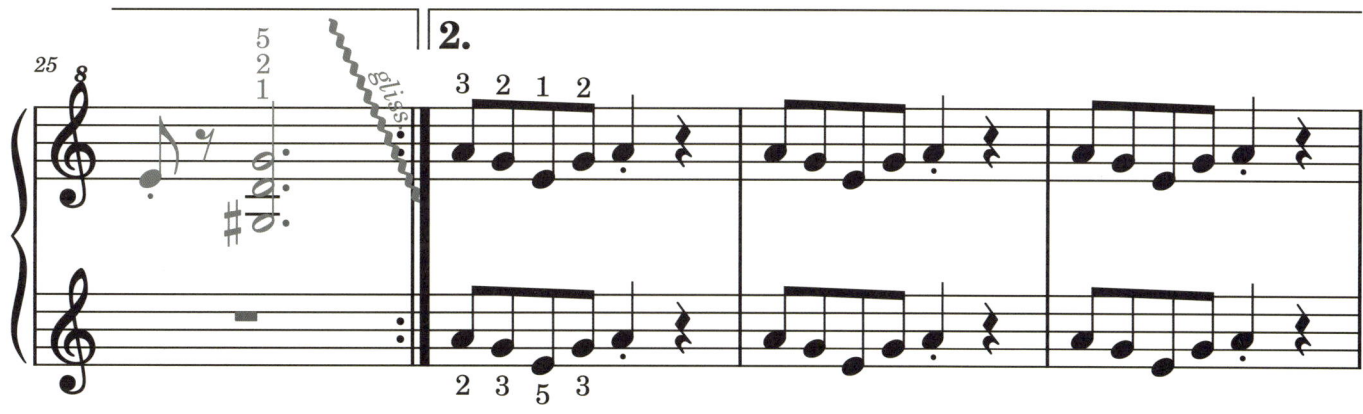

초판 발행일   2024년 03월 11일

편곡   양지영
감수   이주영
연주   양지영 이주영

편집   육민
펴낸곳   하움출판사
펴낸이   문현광

E-mail   haum1000@naver.com
블로그   blog.naver.com/haum1000
홈페이지 haum.kr

ISBN   979-11-6440-562-6(13670)